週末の下ごしらえで、
平日は仕上げるだけ！

もうメニューに悩まない！

冷凍保存で作る
1週間の献立キット

川上文代

はじめに

最近は、「料理を作る人」と「料理を作らない人」との二極化が著しくなりました。
なぜ作らないかというと、〝毎日料理を作る時間が取れない〟ことが主な理由。
そこで忙しい人向けに「1週間に一度、空き時間を利用して〝献立キット〟を作ろう！」ということで、本書ができました。
わかりやすく1週間分をキットに分けておくと、ささっと仕上げるのみでおいしく幸せな夕食時間が過ごせます。2〜3日は冷蔵保存で、それ以降は冷凍ワザを活用しながらご紹介しています。

手作りのよさは、自分好みの味つけにできること、同じ素材でも味を変えて飽きずに食べられること、栄養バランスを考え添加物や保存料を控えられること、料理の楽しさに没頭できること、愛情込めて作った料理に癒やされる、外食よりも安く食費を抑えられることなどです。
ぜひ、本書を参考に「献立キット」を作って、帰宅後の楽しい夕食タイムを過ごしていただければうれしく思います。

川上文代

この本の使い方

本書は普通のお料理本とは違い、7日分の食材をまとめて「下ごしらえ」し、食べる日に簡単に「仕上げ」をするだけの"献立キット"を紹介しています。ステップを追ってご説明しましょう。

step 1　7日分まとめてお買いもの

買いものリストを持って、お買いものに。肉や魚介はまとめて買った方が安いこともあります。鮮度のよいものをチョイスしましょう。

step 2　7日分まとめて下ごしらえ

買ってきた当日に鮮度のよい状態で下ごしらえします。まとめて作るので、結果的に調理時間や洗いものなどを節約できます。切る、ゆでる、煮る、揚げる…などの下ごしらえを済ませたら、それぞれジッパーバッグか食品保存容器に詰めます。

step 3　袋や容器に名前を書き、保存

ジッパーバッグ、保存容器に何日目の、何の料理に使うのか、書いておきましょう。マスキングテープなどを使うと便利です。保存は1～3日目で使うものは冷蔵、3～7日目で使うものは冷凍、が基本です。1～3日目で使うものを冷凍してもよいですが、サラダ用の生野菜など、一部冷凍に向かないものもあります。

step 4　朝、冷凍庫から冷蔵庫に移す

その日の夕飯で使う食材を、朝、冷凍庫から冷蔵庫に移して解凍しておきます。肉や魚などの塊は解凍してあった方が早く火が通ります。ただし、解凍し忘れても大丈夫。その場合は少し時間がかかりますが、凍ったまま調理すればOKです。

step 5　夜、温めるだけ、サッと炒めるだけで完成！

さぁ、夕飯！となったら、袋や容器から出して、温める、オーブントースターでこんがり焼く、盛りつけるだけで、すぐに食卓へ。大掛かりな調理がないので、当日はドレッシング作りや、盛りつけにも余裕を持って取り組めます。

注意点

ご飯、パンなどの主食は買いものリストや献立には入っていません。ご飯は下ごしらえの日に多めに炊いて、冷凍保存しておくとよいでしょう。パンも冷凍保存できますので、食べやすい大きさに切って冷凍しておきましょう（⇒P.86）。

まとめ買いした食材を利用するもの以外の味噌汁、スープ類は献立に入っていません。下ごしらえの日に味噌玉を作るなどして、適宜ご用意ください（⇒P.89）。

基本調味料（味噌、しょうゆ、砂糖、塩、酢）、中華調味料（豆板醤、甜麺醤）や油、ソース、トマトケチャップ、マヨネーズ、練り梅、ピクルス、はちみつ、青のり、かつお節、ハーブ類（タイム、ローリエなど）、ワインビネガーなどは常備食材として買いものリストには入っていません。各キットの使用リストをチェックしてご用意ください。

薬味などに使う香味野菜（しょうが、ねぎ類、にんにく、青じそなど）は用途に合わせて切る、おろすなどの下ごしらえをし、冷凍保存をしておきます（⇒P.84）。買いものリストには入っていませんので、各キットの調味料＆副食材リストをチェックしてご用意ください。

もくじ

02 はじめに ／ 04 この本の使い方

kit 1

08 人気おかずキット
から揚げ、ハンバーグにえびフライも！

09 買いものリスト ／ 10 下ごしらえ

14 仕上げのレシピ

- 1日目 鶏のから揚げ／あじのなめろう／大根の梅サラダ ………… 14-15
- 2日目 えびフライ／グリーンサラダ／野菜のコンソメスープ ………… 16-17
- 3日目 から揚げのレモン煮／シュリンプサラダ ………… 18-19
- 4日目 和風ハンバーグ／大根の味噌汁 ………… 20
- 5日目 あじの塩焼き／卵焼きの薄あんかけ ………… 21
- 6日目 えびチリ／肉団子スープ ………… 22-23
- 7日目 あじの蒲焼き丼／大根の甘酢漬け／卵焼き ………… 24-25

kit 2

26 バラエティキット
牛肉、豚肉にシーフードもプラス

27 買いものリスト ／ 28 下ごしらえ

32 仕上げのレシピ

- 1日目 とんカツのおろしポン酢がけ／かぼちゃのクリームサラダ／あさりの味噌汁 ………… 32-33
- 2日目 鮭と野菜のハーブソテー／かぼちゃのポタージュ ………… 34
- 3日目 牛しゃぶサラダ／いかとピーマンの炒めもの ………… 35
- 4日目 焼き鮭のおろし添え／冷凍豆腐とあさりの煮もの ………… 36-37
- 5日目 青椒肉絲／冷凍豆腐入り中華スープ ………… 38-39
- 6日目 カツ丼／かぼちゃの煮もの／キャベツの浅漬け ………… 40-41
- 7日目 鮭のクリーム煮／プチトマトのブルスケッタ ………… 42-43

kit 3

44 かんたんお手軽キット
ポトフと中華風豚スープが七変化！

45 買いものリスト ／ 46 下ごしらえ

47 仕上げのレシピ

- 1日目 ポトフ ………… 47
- 2日目 中華風豚スープ ………… 48
- 3日目 タンドリーチキン／ミネストローネ ………… 49
- 4日目 豚の角煮／キャベツの炒め漬け ………… 50
- 5日目 鶏のデミグラスソース煮／いちごの合わせバター ………… 51
- 6日目 中華風豚汁／キャベツの炒め漬け ………… 52
- 7日目 鶏のクリームシチュー／ハーブの合わせバター ………… 53

kit 4

54 ワンプレートの楽ちんキット
カレー、お好み焼き、牛丼…
55 買いものリスト／56 下ごしらえ

57 仕上げのレシピ

- 1日目 牛プルコギ …………………………………………………… 57
- 2日目 麻婆豆腐／キムチきゅうり／中華風スープ ……………… 58
- 3日目 豚キムチ炒め／味噌田楽 ………………………………… 59
- 4日目 シーフードカレー／きゅうりのピクルス ………………… 60
- 5日目 洋風トマト雑炊／きゅうりの浅漬け …………………… 61
- 6日目 お好み焼き ………………………………………………… 62
- 7日目 牛丼 ………………………………………………………… 63

kit 5

64 体にやさしいヘルシーキット
和風の煮ものを中心に
65 買いものリスト／66 下ごしらえ

70 仕上げのレシピ

- 1日目 かれいとごぼうの煮つけ／ひじきの煮もの／雑穀ご飯 …… 70-71
- 2日目 筑前煮／切り干し大根の煮もの／おかゆ ………………… 72-73
- 3日目 鍋焼きうどん／いんげんのごま和え／きのこの酒蒸し …… 74-75
- 4日目 筑前煮の卵とじ／ほうれん草入り雑炊／豆乳味噌汁 …… 76
- 5日目 きのこ入りそば／ほうれん草の卵炒め …………………… 77
- 6日目 豚ヒレ肉の塩麹焼き／ひじきご飯 ………………………… 78-79
- 7日目 かれいの煮つけ焼き／切り干し大根入り卵焼き／豆乳がゆ …… 80-81

82 基本の冷凍術
献立キット作りのために覚えておきたい

90 たれ・副菜・デザート
作っておくと何かと便利

- 90 香味だれ / ポン酢しょうゆ
- 92 小松菜とエリンギのナムル / ブロッコリーのコーン炒め
- 94 りんごのコンポート / プルーンといちじくのコンポート

- 88 これができたら料理上級者！ あじ＆いかのおろし方
- 89 お椀にポン！で1人分の味噌汁が完成 味噌玉作り

kit 1 から揚げ、ハンバーグにえびフライも！
人気おかずキット

みんなが大好きなから揚げやハンバーグに、
体にうれしい魚のおかずもプラスして、人気のおかずが勢ぞろい。
お弁当のおかずなどへのアレンジもおすすめです。

{ 週間献立表 }

1日目 → 鶏のから揚げ／あじのなめろう／大根の梅サラダ

2日目 → えびフライ／グリーンサラダ／野菜のコンソメスープ

3日目 → から揚げのレモン煮／シュリンプサラダ

4日目 → 和風ハンバーグ／大根の味噌汁

5日目 → あじの塩焼き／卵焼きの薄あんかけ

6日目 → えびチリ／肉団子スープ

7日目 → あじの蒲焼き丼／大根の甘酢漬け／卵焼き

買いものリスト（2人分・7献立）

※■は、仕上げ時にのみ使用する食材です。
※このほか、P.10の調味料＆副食材リストの食材が必要です。

- □ 鶏むね肉 ——— 2枚(500g)
- □ 合いびき肉 ——— 400g
- □ あじ ——— 6尾
- □ えび ——— 30尾
- □ 卵 ——— 10個
- □ 玉ねぎ ——— ¾個
- □ 大根 ——— ⅘本(800g)
- □ にんじん ——— 1本(150g)
- □ なす ——— 2本
- □ しいたけ ——— 4個
- □ 長ねぎ ——— 1本
- □ レタス ——— ½個(7枚)
- □ トマト ——— 1個
- □ きゅうり ——— 1本
- □ パプリカ ——— ½個
- □ レモン ——— 1個
- □ 青じそ ——— 1束
- ■ 練り梅 ——— 大さじ2
- ■ ピクルス ——— 15g

一週間の献立 kit 1

1日目のキット ▶ P.14, 15

- メイン：鶏のから揚げ
- サラダ：大根の梅サラダ
- 副菜：あじのなめろう

2日目のキット ▶ P.16, 17

- スープ：野菜のコンソメスープ
- サラダ：グリーンサラダ
- メイン：えびフライ

3日目のキット ▶ P.18, 19

- メイン：から揚げのレモン煮
- サラダ：シュリンプサラダ

4日目のキット ▶ P.20

- メイン：和風ハンバーグ
- スープ：大根の味噌汁
- ＋ 大根おろし

5日目のキット ▶ P.21

- メイン：あじの塩焼き
- 副菜：卵焼きの薄あんかけ

6日目のキット ▶ P.22, 23

- スープ：肉団子スープ
- メイン：えびチリ

7日目のキット ▶ P.24, 25

- メイン：あじの蒲焼き丼
- 副菜：大根の甘酢漬け
- 副菜：卵焼き
- ＋ 大根おろし

kit 1 下ごしらえ

🧊▶冷蔵庫で保存　❄▶冷凍庫で保存

調味料&副食材リスト
（買いものリストに入っていないもの）

下ごしらえ時

調味料
▶塩／こしょう／しょうゆ／酒／砂糖／味噌／みりん／酢／薄口しょうゆ／オイスターソース／ナツメグ

油類
▶サラダ油／揚げ油

粉類
▶薄力粉／片栗粉／パン粉

卵・乳製品
▶牛乳

香味野菜類
▶にんにく（すりおろし）／しょうが（すりおろし・みじん切り）／長ねぎ（みじん切り）

仕上げ時

調味料
▶塩／こしょう／しょうゆ／酒／砂糖／味噌／みりん／薄口しょうゆ／ポン酢しょうゆ／マヨネーズ／トマトケチャップ／ウスターソース／オイスターソース／豆板醤／白ワインビネガー／マスタード／だし汁／固形スープの素／鶏ガラスープの素／かつお節／一味唐辛子（好みで）

油類
▶サラダ油／オリーブオイル／ごま油

粉類
▶片栗粉

卵・乳製品
▶牛乳

香味野菜類
▶パセリ（みじん切り）／香菜（あれば）

ご飯・パン
▶ご飯（あじの蒲焼き丼用）

鶏むね肉 500g ➕

■ 材料（から揚げ用）
ⓐ にんにくのすりおろし・しょうがのすりおろし…各1片分　溶き卵…1個分　酒・しょうゆ…各大さじ2　砂糖…小さじ2　塩・こしょう…各少々
薄力粉…大さじ4

1

鶏肉は肉からはみ出している皮、余分な脂を取り除き、3cm角に切る。

2

ボウルにⓐを合わせ、1を加えてもみ込む。薄力粉を加えて全体にまぶす。

3

揚げ油を180℃に熱し、2を6分ほど揚げる。冷めたら半量（レモン煮用）をジッパーバッグに入れる。

半量▶**1日目のキット**

鶏のから揚げ

半量▶**3日目のキット** ❄

から揚げのレモン煮

合いびき肉 400g ➕

■ 材料（ハンバーグ用）
ⓐ 玉ねぎのみじん切り…¼個分　溶き卵…½個分　パン粉・牛乳…各大さじ2　塩・こしょう・ナツメグ…各少々

■ 材料（肉団子スープ用）
ⓑ 長ねぎのみじん切り…大さじ1　しょうがのみじん切り…小さじ1　オイスターソース…小さじ1　こしょう…少々

A/1

ひき肉250g（ハンバーグ用）はボウルに入れ、ⓐを加え、ゴムベラで練らないように混ぜ合わせる。

A/2

1を2等分して小判形にし、ラップで包んでジッパーバッグに入れる。

B

ひき肉150g（肉団子スープ用）はⓑを加えて混ぜ合わせる。8等分の団子にし、バットの上に並べ冷凍する。表面が固まったらジッパーバッグへ。

A▶**4日目のキット** ❄
和風ハンバーグ

B▶**6日目のキット** ❄
肉団子スープ

あじ
6尾

■ 材料(なめろう用)
ⓐ 玉ねぎのみじん切り…¼個分　青じそのみじん切り…4枚分　しょうがのみじん切り…1片分　味噌…大さじ2

■ 調味料(塩焼き用) 塩…少々

■ 調味料(蒲焼き用) 酒・砂糖…各大さじ2　みりん…大さじ4　しょうゆ…大さじ3

A

あじ2尾(なめろう用)は3枚におろし、頭から尾に向かって皮を剥ぐ。身をみじん切りにし、ⓐを加えて包丁で叩き、混ぜ合わせる。《あじのおろし方 ➡ P.88》

B

あじ2尾(塩焼き用)は胸びれの下に切り込みを入れ、えらと内臓を引き出して、流水で洗う。水気を拭き、塩をしてジッパーバッグに入れる。

C

あじ2尾(蒲焼き用)はぜいごと頭を取り、腹開きにする。ジッパーバッグに調味料を入れ、漬ける。

A ▶ 1日目のキット

あじのなめろう

B ▶ 5日目のキット

あじの塩焼き

C ▶ 7日目のキット

あじの蒲焼き丼

えび(殻つき)
30尾

■ 材料(えびフライ用) 溶き卵…1個分　薄力粉・パン粉・揚げ油…各適量

■ 材料(えびチリ用)
ⓐ 溶き卵…½個分　片栗粉…大さじ1　サラダ油…小さじ2

A

えび6尾(フライ用)は尾を残して殻をむいて背わたを取り、腹側に数本切り込みを入れてまっすぐに整える。フライ衣をつけ、180℃の揚げ油で揚げる。

B

えび8尾(サラダ用)は、熱湯で3分ほどゆで、ざるに上げる。尾を残して殻をむき、ジッパーバッグに入れる。

C

えび16尾(えびチリ用)は背側にキッチンばさみで切り込みを入れる。ジッパーバッグにⓐを入れ、もみ込む。

A ▶ 2日目のキット

えびフライ

B ▶ 3日目のキット

シュリンプサラダ

C ▶ 6日目のキット

えびチリ

卵
6個

■ 材料(卵焼き・1本分)
ⓐ 薄口しょうゆ・みりん…各小さじ1　塩…ひとつまみ　だし汁…75㎖
サラダ油…小さじ2

1

卵3個は割りほぐし、ⓐを加える。万能こし器でこして、カラザ(卵の白い部分)を取り除く。

2

卵焼き器を熱して油をひき、**1**を¼量流し込み、奥から手前に巻く。これを繰り返して卵焼きを作る。

3

同様にもう1本作る。あれば巻きすで巻いて形を整え、粗熱をとる。8等分に切り、食品保存容器に隙間を開けて入れる。

1本分 ▶ 5日目のキット

卵焼きの薄あんかけ

1本分 ▶ 7日目のキット

卵焼き

下ごしらえ

大根
800g

■ **調味料(漬けもの用)** 酢…大さじ3
砂糖…大さじ1½

A/1

大根500gはせん切りにする。250g はサラダ用に、100gは味噌汁用に、150gは漬けもの用に分ける。

A/2

A/1で分けた大根(漬けもの用)に、調味料を入れて砂糖を溶かす。大根と大根の葉少々を刻んで加え、もみ込む。

B

大根100g(シュリンプサラダ用)はスティック状に切る。

C

残りの大根200gはすりおろして3等分し、食品保存容器に入れる。

- **A/1** (せん切り250g) ▶1日目のキット — 大根の梅サラダ
- **B** ＋にんじんB パプリカ・きゅうり ▶3日目のキット (スティック状100g) — シュリンプサラダ
- **A/1** (せん切り100g) ▶4日目のキット — 大根の味噌汁
- **C** (すりおろし⅓量) ▶4日目のキット — 和風ハンバーグ
- **C** (すりおろし⅓量) ▶5日目のキット — あじの塩焼き
- **A/2** (せん切り150g) ▶7日目のキット — 大根の甘酢漬け
- **C** (すりおろし⅓量) ▶7日目のキット — 卵焼き

にんじん
150g

A

にんじん50g(野菜スープ用)は薄切りにしてからせん切りにし、ジッパーバッグに入れる。

B

にんじん50g(シュリンプサラダ用)は6cm長さに切り、5mm角のスティック状に切ってジッパーバッグに入れる。

C

にんじん50g(卵焼きの薄あんかけ用)はせん切りにしてからみじん切りにする。ジッパーバッグに入れる。

- **A** ▶2日目のキット ＋なすA・長ねぎA — 野菜のコンソメスープ
※なすが変色するため、2日目のキットでも冷凍保存する。
- **B** ▶3日目のキット ＋パプリカ・大根・きゅうり — シュリンプサラダ
- **C** ▶5日目のキット ＋しいたけ・長ねぎ — 卵焼きの薄あんかけ

しいたけ4個 | 長ねぎ1本

A

長ねぎ⅓本(野菜スープ用)はせん切りにする。

B

しいたけ2個、長ねぎ⅓本(薄あんかけ用)は粗みじん切りにし、ジッパーバッグに入れる。

C

しいたけ2個、長ねぎ⅓本(肉団子スープ用)は薄切りにし、ジッパーバッグに入れる。

- **A** (長ねぎせん切り⅓本分) ▶2日目のキット ＋にんじんA・なすA — 野菜のコンソメスープ
※なすが変色するため、2日目のキットでも冷凍保存する。
- **B** (しいたけと長ねぎの粗みじん切り) ▶5日目のキット ＋にんじんC — 卵焼きの薄あんかけ
- **C** (しいたけと長ねぎの薄切り) ▶6日目のキット ＋レタスC — 肉団子スープ

kit 1 下ごしらえ

レタス
7枚

A・B

レタス5枚はひとくち大にちぎり、きゅうりと一緒に冷水に浸してパリッとさせる。しっかりと水気をきり2枚(から揚げ用)と3枚(グリーンサラダ用)に分け、ジッパーバッグに入れる。

C

レタス2枚(肉団子スープ用)は1cm幅に切る。

A(2枚分) ▶ 1日目のキット
+ 鶏のから揚げ

B(3枚分) ▶ 2日目のキット
+ きゅうり
グリーンサラダ

C ▶ 6日目のキット
+ しいたけC・長ねぎA
肉団子スープ

なす
2本

A

なす1本(野菜スープ用)は半分の長さに切り、3mm角の細切りにする。水に晒してから水気をきり、ジッパーバッグに入れる。

B

なす1本(ハンバーグ用)は縦半分に切り、皮目に斜めに切り込みを入れる。水に晒して水気をきり、ジッパーバッグに入れる。

A ▶ 2日目のキット + にんじんA・長ネギA
野菜のコンソメスープ
※なすが変色するため、2日目のキットでも冷凍保存する。

B ▶ 4日目のキット + しいたけ
和風ハンバーグ

きゅうり
1本

きゅうりは半分を輪切りにし、レタスと一緒に冷水に浸してパリッとさせる。残りの半分は6cm長さ、5mm角のスティック状に切る。

輪切り ▶ 2日目のキット
+ レタスB
グリーンサラダ

スティック状 ▶ 3日目のキット
+ にんじんB・パプリカ・大根B
シュリンプサラダ

トマト
1個

トマトは8つ割りにし、食品保存容器に入れる。

全量 ▶ 2日目のキット
グリーンサラダ

パプリカ
½個

パプリカは種とヘタを取り、縦に5mm幅に切る。

全量 ▶ 3日目のキット
+ にんじんB・大根B・きゅうり
シュリンプサラダ

レモン
1個

レモンは縦半分に切り、半分をくし形に切って半量ずつから揚げ用とえびフライ用に食品保存容器に入れる。残り(レモン煮用)は半月切りにしてジッパーバッグに入れる。

くし形切りの半量 ▶ 1日目のキット
鶏のから揚げ

くし形切りの半量 ▶ 2日目のキット
えびフライ

半月切り ▶ 3日目のキット
から揚げのレモン煮

1日目のキット

鶏のから揚げ
あじのなめろう
大根の梅サラダ

から揚げは揚げたてを
全部食べたい気持ちをグッと抑えて、半分は冷凍に。
新鮮なあじを叩いて作ったなめろうを添えて、
下ごしらえをがんばった自分にご褒美献立。

kit 1 仕上げのレシピ

≫鶏のから揚げ
衣に卵を加えているのでふんわりやわらか

材料(2人分)

鶏のから揚げ
レタス…2枚
レモンのくし形切り…¼個分

作り方
1. 鶏のから揚げは冷めていたらオーブントースターで4分ほど焼いて温める。
2. 器にレタスをちぎってのせ、1をのせ、レモンを添える。

≫あじのなめろう
あじは身の形が残る程度に叩くのがコツ

材料(2人分)

あじのなめろう…2尾分

➕ 青じそ…2枚

作り方
1. 器に青じそを敷き、なめろうをのせる。

≫大根の梅サラダ
大根をたっぷり、さわやかな梅風味で

材料(2人分)

大根(サラダ用)…250g

➕ 練り梅…大さじ2
かつお節…1袋(3g)
かつお節(飾り用)…適量

作り方
1. ボウルに材料すべてを入れ和える。
2. 器に盛り、飾り用のかつお節をふる。

2日目のキット

えびフライ
グリーンサラダ
野菜のコンソメスープ

揚げものは電子レンジではなく
オーブントースターでカリッと温め直しましょう。
タルタルソースを作るのが面倒だったら
市販品を利用しても。

≫ えびフライ
手作りタルタルソースで
えびフライを堪能

材料(2人分)

えびフライ…6尾分
レモンのくし形切り…¼個分
【タルタルソース】
　ゆで卵…1個
　マヨネーズ…100mℓ
　玉ねぎのみじん切り…30g
　ピクルスのみじん切り…15g
　パセリのみじん切り…少々
　塩・こしょう…各少々

作り方

1　えびフライはオーブントースターで4分ほど焼いて温める。
2　タルタルソースを作る。ゆで卵をみじん切りにし、残りの材料を加えて混ぜ合わせる。
3　器に1を盛り、レモンを添える。タルタルソースをかけて食べる。

≫グリーンサラダ
サラダは食べる直前に
ドレッシングで和えること

材料(2人分)

レタス、きゅうり
(グリーンサラダ用)
トマトの8つ割り…1個分

➕【ドレッシング】
　白ワインビネガー・
　オリーブオイル…各大さじ2
　マスタード…小さじ1
　塩…小さじ½
　こしょう…少々

作り方

1　ボウルにドレッシングの材料を混ぜ合わせ、野菜を加えて大きく混ぜて和える。器に盛る。

≫野菜のコンソメスープ
野菜は火の通りが
いいように切り揃えて

材料(2人分)

なす、にんじん、長ねぎ
(野菜スープ用)

➕Ⓐ　水…400㎖
　　固形スープの素…½個
　　塩・こしょう…各少々
　オリーブオイル…小さじ1

作り方

1　鍋にオリーブオイルを熱し、凍ったままの野菜を加えて炒める。
2　全体に油がまわったらⒶを加え、10分煮る。器に盛る。

> **point**
>
>
>
> なすは変色しやすいので、切ったらすぐに調理するか冷凍しましょう。冷凍したものを調理する場合は凍ったまま手早く行うこと。

仕上げのレシピ　kit 1

から揚げのレモン煮
シュリンプサラダ

から揚げは、オーブントースターでカリッと温めて、
できたての食感に。オーロラソースも鮮やかな
カラフル・シュリンプサラダで、
お友だちを招待したくなる、パーティ気分の夕食です。

》から揚げのレモン煮
爽やかなレモンで
煮からめて

材料(2人分)
鶏のから揚げ(レモン煮用)
レモンの薄切り…½個分
A しょうゆ…400㎖
　固形スープの素…½個
　塩・こしょう…各少々
　オリーブオイル…小さじ1

作り方
1 鍋にAを入れ、混ぜながら火にかける。
2 とろみがついたら凍ったままのから揚げ、レモンの薄切りを入れ、弱火で煮る。
3 から揚げが温まったら器に盛る。

≫ シュリンプサラダ
スティック野菜に
ボイルしたえびをハート形に盛って

材料(2人分)

えび(サラダ用)…8尾
大根、パプリカ、きゅうり、
にんじんのスティック(サラダ用)

➕【オーロラソース】
　マヨネーズ…大さじ4
　トマトケチャップ…大さじ2
　ウスターソース…小さじ1

作り方

1. えびは冷蔵庫で解凍する。
2. 器に野菜を彩りよく盛り、1をのせる。
3. オーロラソースの材料を合わせ、2にかける。

仕上げのレシピ

4日目のキット

和風ハンバーグ
大根の味噌汁

ポン酢で味わう、さっぱり和風ハンバーグがメインの献立。大根の味噌汁でほっこり温まります。ポン酢しょうゆはP.90〜91を参考に、手作りすることもできます。

≫ 和風ハンバーグ
ひき肉は練りすぎないのが おいしく作るポイント

材料(2人分)

ハンバーグ…2個
なす、しいたけ
(ハンバーグ用)
大根おろし…100g

➕ サラダ油…大さじ1
　塩・こしょう…各少々
　ポン酢しょうゆ…適量
　青じそ…2枚

作り方

1. ハンバーグは冷蔵庫で解凍する。
2. フライパンに油を熱し、1を入れ、弱めの中火で4分ほど焼く。裏返してさらに4分焼き、竹串を刺して透明の肉汁が出てきたら焼き上がり。
3. 2を器に取り出し、同じフライパンでなす、しいたけをソテーし、塩・こしょうで調味する。器に盛り、青じそ、大根おろしを添え、ポン酢しょうゆをかける。

≫ 大根の味噌汁
大根は透き通るまで やわらかく煮ること

材料(2人分)

大根の細切り…100g

➕ だし汁…400mℓ
　味噌…小さじ4
　好みで一味唐辛子…少々

作り方

1. 鍋にだし汁を熱し、大根を入れて10分ほど煮る。
2. 味噌を溶き入れる。器に盛り、好みで一味唐辛子をふる。

5日目のキット

あじの塩焼き
卵焼きの薄あんかけ

あじはDHA、EPAが豊富な青魚の中でも、臭みが少なく食べやすい魚。このおいしさが堪能できるシンプルな塩焼きに、だしのあんがかかった卵焼きを添えて。

》あじの塩焼き
グリルから出すときは
フライ返しを使うとスムーズ

材料（2人分）

あじ（塩焼き用）…2尾
大根おろし…100g

作り方

1. あじは冷蔵庫で解凍して魚焼きグリルに入れ、途中で裏返して10分ほど焼く。
2. 器に盛り、大根おろしを添える。

》卵焼きの薄あんかけ
あんをかけてちょっと豪華に

材料（2人分）

卵焼き…1本分
長ねぎ、しいたけ、にんじん（薄あんかけ用）

A だし汁…200ml　みりん・薄口しょうゆ…各小さじ2　片栗粉…小さじ1

作り方

1. 卵焼きは冷蔵庫で解凍するか、電子レンジに5分ほどかけて解凍する。
2. 鍋に**A**を熱し、野菜を入れて3〜4分煮る。片栗粉を倍量の水で溶き、鍋にまわし入れてとろみをつける。
3. 1を器に盛り、2をかける。

point
薄あんに入れる野菜は小さめに切ってあるのですぐに火が通ります。水溶き片栗粉は煮汁が沸騰してから入れましょう。

6日目のキット

えびチリ
肉団子スープ

本格中華も、えびの下ごしらえが済んでいるから、
調味料を合わせるだけで完成！
大きな肉団子が入った中華風スープは、
具材を入れて煮るだけの手軽さです。

≫ えびチリ
殻から旨みが出るので、調理は殻つきで！

材料(2人分)

えび(えびチリ用)…16尾
➕Ⓐ 豆板醤・酒…各大さじ1
　鶏ガラスープの素…小さじ1
　水…200㎖
　トマトケチャップ…50g
　砂糖…小さじ1
片栗粉…大さじ½
酢…小さじ1
塩・こしょう…各少々
サラダ油…大さじ1
ごま油…小さじ1
あれば香菜…適量

作り方

1　中華鍋、またはフライパンにサラダ油を熱し、凍ったままのえびを入れる。両面を香ばしく焼く。殻が赤くなったら一度取り出す。
2　1の中華鍋にⒶの豆板醤を入れて炒め、酒を入れてアルコールを飛ばす。残りのⒶも入れ、沸騰したら倍量の水で溶いた片栗粉を入れてとろみをつける。
3　2に1のえびを戻し入れ、1分ほど煮る。酢、塩・こしょうを加えて味を調え、鍋肌からごま油をまわし入れる。器に盛り、あれば香菜を飾る。

≫ 肉団子スープ
大きな団子が入って食べごたえ満点

材料(2人分)

ひき肉(肉団子スープ用)…150g
長ねぎ、しいたけ、レタス
(肉団子スープ用)
➕ 鶏ガラスープの素…小さじ2
　水…400㎖
　オイスターソース…小さじ1
　こしょう…少々

作り方

1　鍋に鶏ガラスープとオイスターソースを入れて火にかける。
2　沸騰したら冷蔵庫で解凍した肉団子を入れ、3分たったら凍ったままの野菜を加えて2分ほど煮る。器に盛る。

7日目のキット

あじの蒲焼き丼
大根の甘酢漬け
卵焼き

照り焼き味でご飯が進む、うれしい丼もの。
素材はあじのほか、いわしやさんまなどでもおいしく作れます。
酸味の効いた大根漬けと、やさしい味の卵焼きを一緒に。

仕上げのレシピ 1

あじの蒲焼き丼
甘辛いたれが青魚にぴったり!

材料(2人分)

あじ(蒲焼き丼用)…2尾

+ ご飯…2杯分
　青じそ…4枚

作り方

1. フライパンに油(分量外)をひき、凍ったままのあじを皮目を下にして並べ、強火にかける。2〜3分焼いて、裏返してさらに2〜3分焼く。
2. 1に漬け汁を加え、フライパンを揺すりながら煮詰めて味をからめる。
3. 丼にご飯を盛り、青じそ2枚とあじをのせる。

point　魚にほぼ火が通ったら漬け汁を入れます。鍋を揺すりながら手早くたれをからめ、焦げつきそうになったら火を弱めましょう。

大根の甘酢漬け
和献立に合う、やさしい甘酢味

材料(2人分)

大根(漬けもの用)…150g

作り方

1. 20分ほど自然解凍した甘酢漬けを器に盛る。

卵焼き
手間がかかる卵焼きも、まとめて作っておけば楽々

材料(2人分)

卵焼き…1本
大根おろし

作り方

1. 卵焼きは冷蔵庫で解凍するか、電子レンジに3分ほどかけて解凍する。
2. 器に盛り、自然解凍した大根おろしを添える。

牛肉、豚肉にシーフードもプラス
バラエティキット

主菜の食材が豚肉や牛肉、鮭、いか、あさりとバラエティ豊か。
メニューもとんカツや青椒肉絲などで、しっかり食べたいとき、
食べ盛りの家族がいる人におすすめのキットです。

【 週間献立表 】

- **1日目** → とんカツのおろしポン酢がけ／かぼちゃのクリームサラダ／あさりの味噌汁
- **2日目** → 鮭と野菜のハーブソテー／かぼちゃのポタージュ
- **3日目** → 牛しゃぶサラダ／いかとピーマンの炒めもの
- **4日目** → 焼き鮭のおろし添え／冷凍豆腐とあさりの煮もの
- **5日目** → 青椒肉絲／冷凍豆腐入り中華スープ
- **6日目** → カツ丼／かぼちゃの煮もの／キャベツの浅漬け
- **7日目** → 鮭のクリーム煮／プチトマトのブルスケッタ

買いものリスト (2人分・7献立)

※ ■は、仕上げ時にのみ使用する食材です。
※ このほか、P.28 の調味料&副食材リストの食材が必要です。

- □ 豚ロース肉（とんカツ用） —— 4枚
- □ 牛薄切り肉 —— 450g
- □ 鮭（切り身）—— 6切れ
- □ いか —— 1ぱい
- □ あさり —— 35個（350g）
- □ 絹ごし豆腐 —— 1丁
- □ キャベツ —— ½個（400g）
- □ 大根 —— ⅗本（300g）
- □ かぼちゃ —— ⅔個（800g）
- □ 玉ねぎ —— 大1個（300g）
- □ プチトマト —— 1パック（約12個）
- □ にんじん —— 1本（150g）
- □ ピーマン —— 4個
- □ たけのこ（水煮）—— 100g
- □ 細ねぎ —— 1束
- □ 卵 —— 4個
- ■ 生クリーム —— 100mℓ
- ■ レーズン —— 20g
- ■ クリームチーズ —— 40g

1日目のキット ▶ P.32, 33

- サラダ：かぼちゃのクリームサラダ
- スープ：あさりの味噌汁
- メイン：とんカツのおろしポン酢がけ

2日目のキット ▶ P.34

- スープ：かぼちゃのポタージュ
- メイン：鮭と野菜のハーブソテー

3日目のキット ▶ P.35

- 副菜：いかとピーマンの炒めもの
- メイン：牛しゃぶサラダ

4日目のキット ▶ P.36, 37

- 副菜：冷凍豆腐とあさりの煮もの
- メイン：焼き鮭のおろし添え

5日目のキット ▶ P.38, 39

- スープ：冷凍豆腐入り中華スープ
- メイン：青椒肉絲

6日目のキット ▶ P.40, 41

- 副菜：キャベツの浅漬け
- 副菜：かぼちゃの煮もの
- メイン：カツ丼

7日目のキット ▶ P.42, 43

- メイン：鮭のクリーム煮
- 副菜：プチトマトのブルスケッタ

kit 2 下ごしらえ

 ▷ 冷蔵庫で保存　 ▷ 冷凍庫で保存

調味料&副食材リスト
（買いものリストに入っていないもの）

下ごしらえ時

調味料
▶ 塩／こしょう／しょうゆ／酒／みりん／甜麺醤／ハーブミックス

油類
▶ オリーブオイル／揚げ油

粉類
▶ 小麦粉／片栗粉／パン粉

香味野菜類
▶ にんにく（みじん切り）／しょうが（みじん切り）／長ねぎ（みじん切り）／昆布（細切り）

仕上げ時

調味料
▶ 塩／こしょう／粗挽き黒こしょう（好みで）／しょうゆ／酒／砂糖／味噌／みりん／酢／薄口しょうゆ／ポン酢しょうゆ／マヨネーズ／白ワイン／だし汁／固形スープの素／鶏ガラスープの素／シナモンパウダー（あれば）／白練りごま／ラー油（好みで）

油類
▶ オリーブオイル／ごま油

卵・乳製品
▶ バター／生クリーム（あれば）

香味野菜類
▶ 細ねぎ（小口切り）／パセリ（あればみじん切り）／青じそ（あれば）／香菜（あれば）／ディル（あれば）

ご飯・パン
▶ ご飯（カツ丼用）／バゲット（トマトのブルスケッタ用）

豚ロース肉（とんカツ用）/4枚

■ **調味料** 塩・こしょう…各少々　小麦粉・パン粉・揚げ油…各適量　溶き卵…2個分

1

豚肉4枚は赤身と脂身の境目に4〜5カ所包丁の先を入れ、切り込みを入れて筋切りをする。

2

1に塩・こしょうをし、小麦粉、溶き卵、パン粉の順に衣をつける。

3

揚げ油を180℃に熱し、2を4分ほどこんがりと揚げる。4枚すべてを揚げ、半量（カツ丼用）を1.5cm幅に切り、ジッパーバッグに入れる。

2枚 ▶ 1日目のキット

とんカツのおろしポン酢がけ

2枚 ▶ 6日目のキット

カツ丼

牛薄切り肉 450g

■ **調味料（青椒肉絲用）**
甜麺醤・長ねぎのみじん切り…各大さじ2
しょうゆ・片栗粉…各小さじ2
しょうがのみじん切り…小さじ1

A・B/1

牛肉は200g（牛しゃぶサラダ用）と250g（青椒肉絲用）に分け、200gを3〜4cm幅に切ってジッパーバッグに入れる。

B/2

250gはジッパーバッグに入れ、青椒肉絲用調味料を入れる。

B/3

袋の上からよくもんで調味料を全体になじませる。

A ▶ 3日目のキット
牛しゃぶサラダ

B ▶ 5日目のキット
青椒肉絲

あさり
350g

1

あさりは3％の塩水につけ、冷暗所に30分ほど置いて砂出しをする。

2

100g（味噌汁用、中華スープ用）を2つ、150g（煮もの用）を1つに分けてジッパーバッグに入れる。

| 100g ▶ 1日目のキット | 150g ▶ 4日目のキット |
| あさりの味噌汁 | 冷凍豆腐とあさりの煮もの |

100g ▶ 5日目のキット
冷凍豆腐入り中華スープ

いか
1ぱい

■ **調味料**
しょうゆ・酒・みりん…各小さじ2

1

いかはおろし、胴は1cm幅に、足は食べやすい長さに切ってジッパーバッグに入れる。《いかのおろし方 ➡ P.88》

2

1に調味料を入れ、袋の上からよくもんで全体になじませる。

全量 ▶ 3日目のキット
いかとピーマンの炒めもの

鮭（切り身）
6切れ

■ **調味料（ハーブソテー用）** ミックスハーブ…1つまみ　塩…小さじ¼　こしょう…少々　オリーブオイル…大さじ1
■ **調味料（焼き鮭用）** 塩…少々
■ **調味料（クリーム煮用）**
塩・こしょう…各少々

A

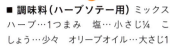

ジッパーバッグに調味料（ハーブソテー用）を入れ、鮭2切れを入れて袋の上からもんで全体になじませる。

B

鮭2切れ（焼き鮭用）は両面に塩をし、ジッパーバッグに入れる。

C

鮭2切れ（クリーム煮用）は腹骨を取り4等分に切る。両面に塩・こしょうをし、ジッパーバッグに入れる。

A ▶ 2日目のキット

鮭と野菜のハーブソテー

B ▶ 4日目のキット

焼き鮭のおろし添え

C ▶ 7日目のキット

鮭のクリーム煮

絹ごし豆腐
1丁

1

豆腐はキッチンペーパーに包み、重しを乗せて30分ほど置いて水きりをする。

2/A

豆腐の⅔（煮もの用）は3cm角、1cm厚さに切る。ジッパーバッグまたは食品保存容器に入れる。

2/B

豆腐の⅓（中華スープ用）は1cm角、3cm長さに切る。ジッパーバッグまたは食品保存容器に入れる。

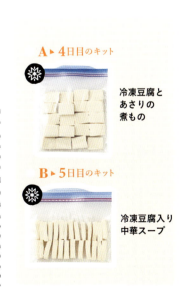

A ▶ 4日目のキット
冷凍豆腐とあさりの煮もの

B ▶ 5日目のキット
冷凍豆腐入り中華スープ

kit 2　下ごしらえ

キャベツ 400g

■ **材料（浅漬け用）** 昆布の細切り…3g
にんじんのせん切り…少々（にんじん**B**より） 塩…小さじ½

A
キャベツ100g（とんカツ用）はせん切りにする。

B・C
残りのキャベツ（ハーブソテー用、浅漬け用）は1cm幅、5cmほどの長さに切り、2等分にしてジッパーバッグに入れる。ハーブソテー用はプチトマト**A**と合わせる。

C
Bのひとつ（浅漬け用）に細切り昆布、にんじん（にんじん**B**より）、塩を入れ、袋の上からよくもんで調味料を全体になじませる。

大根 300g

A
大根は皮をむき、100g（牛しゃぶサラダ用）をピーラーでリボン状にむく。

B
残りの大根（とんカツ用、焼き鮭用）はすりおろし、2等分にしてジッパーバッグまたは食品保存容器に入れる。

プチトマト 12個

■ **調味料（ブルスケッタ用）**
にんにくのみじん切り・こしょう…各少々
塩…小さじ¼
オリーブオイル…大さじ2

A
プチトマト8個（鮭と野菜のハーブソテー用）はヘタを取り、キャベツ**B**のジッパーバッグに加える。

B
プチトマト4個（ブルスケッタ用）は4等分の輪切りにし、ジッパーバッグに入れて調味料を加える。

ピーマン 4個 | たけのこ 100g

A

ピーマン2個（いかの炒めもの用）はヘタと種を取り、乱切りにする。ジッパーバッグに入れる。

B/1

ピーマン2個（青椒肉絲）はヘタと種を取り、細切りにする。ジッパーバッグに入れる。

B/2

たけのこは輪切りにしてからせん切りにし、**B/1**の袋に入れる。

A ▶ 3日目のキット

いかと
ピーマンの
炒めもの

B ▶ 5日目のキット

青椒肉絲

かぼちゃ 800g

1

かぼちゃは300gを2つ（クリームサラダ用、煮もの用）、200g（ポタージュ用）に分け、種とワタを取り除き、ひと口大に切る。クリームサラダ用、ポタージュ用は皮をすべて落とし、煮もの用は所々皮を落とす。

2

煮もの用のかぼちゃは切り口の角を浅くそぎ落とし、面取りする。

3

耐熱皿にすべてのかぼちゃを入れ、水大さじ2をまわしかけて電子レンジ600Wで4分ほど加熱する。キッチンペーパーで水分を拭き取ってそれぞれに分け、ジッパーバッグに入れる。クリームサラダ用とポタージュ用は袋の上から潰す。

潰した300g ▶ 1日目のキット

かぼちゃの
クリームサラダ

潰した200g ▶ 2日目のキット

かぼちゃの
ポタージュ

面取りした300g ▶ 6日目のキット

かぼちゃの
煮もの

にんじん 150g

A

にんじんは皮をむき、50g（牛しゃぶサラダ用）をピーラーでリボン状にむき、大根**A**と合わせる。

B

残りのにんじんは5mm厚さの輪切り（鮭のクリーム煮用）にする。そのうち2枚ほどは、薄切りにしてからせん切りにし、キャベツ**C**に加える（キャベツの浅漬け用）。

A ＋大根A ▶ 3日目のキット
B ＋玉ねぎ⅓量 ▶ 7日目のキット

牛しゃぶ
サラダ　｜　鮭の
クリーム煮

玉ねぎ 300g

玉ねぎは繊維を断つように5mm厚さに切る。3等分にしてそれぞれジッパーバッグに入れる。

⅓量 ▶ 2日目のキット
かぼちゃの
ポタージュ

⅓量 ▶ 6日目のキット
カツ丼

⅓量 ▶ 7日目のキット
＋にんじんB
鮭の
クリーム煮

1日目のキット

とんカツのおろしポン酢がけ
かぼちゃのクリームサラダ
あさりの味噌汁

とんカツは定番のソース&辛子でもいいですが、
さっぱりおろしポン酢で味わいます。
つけ合わせにはクリーミーなかぼちゃサラダと
あさりのだしが効いた味噌汁を添えて。

》とんカツのおろしポン酢がけ
揚げたてならではの
サクサク感を楽しんで

材料(2人分)

とんカツ…2枚
キャベツのせん切り…100g
大根おろし…100g

➕ ポン酢しょうゆ…適量

作り方
1 器にキャベツのせん切り、とんカツをのせる。
2 大根おろし、ポン酢しょうゆをかける。

》かぼちゃのクリームサラダ
クリームチーズを使った
しっとりなめらかな舌触り

材料(2人分)

かぼちゃのマッシュ…300g

➕ レーズン…20g
　クリームチーズ…40g
　マヨネーズ…大さじ2
　塩・こしょう…各少々
　あればシナモンパウダー…少々

作り方
1 ボウルに材料すべてを入れ、混ぜ合わせる。

point

かぼちゃはまとめて電子レンジで加熱し、使う分量ずつ小分けにしておくと便利。熱いうちならマッシュも楽々。食べるときに混ぜ合わせるだけで完成！

》あさりの味噌汁
豊かな潮の香りを
主菜の肉に組み合わせて

材料(2人分)

あさり…100g

➕ だし汁…400㎖
　味噌…小さじ4
　細ねぎの小口切り…少々

作り方
1 鍋にだし汁を沸かし、あさりを加える。口が開いたら味噌を溶かし入れる。
2 器に盛り、細ねぎを散らす。

> 2日目のキット

鮭と野菜のハーブソテー
かぼちゃのポタージュ

ハーブでマリネした鮭は生臭さも消え、オイルでコーティングされるのでコクがアップ。野菜はブロッコリーやパプリカなどでもOK。栄養たっぷりのかぼちゃのポタージュも一緒に。

≫鮭と野菜のハーブソテー
鮭に白ワインを加えてハーブと蒸し焼きに

材料(2人分)

鮭(ハーブソテー用)…2切れ
キャベツのざく切り…150g
プチトマト…8個

➕ 白ワイン…50㎖
オリーブオイル…小さじ1

作り方

1. スキレットまたはフライパンにオリーブオイルを熱し、鮭をソテーする。野菜、白ワインを加える。
2. 1を火にかけ、沸騰したらふたをし、弱火で2分ほどしたら裏返し、さらに1分ほど火を通す。

≫かぼちゃのポタージュ
炒めた玉ねぎとかぼちゃで甘みを引き出して

材料(2人分)

かぼちゃのマッシュ…300g
玉ねぎの薄切り…100g

➕ 固形スープの素…1個
水…300㎖
塩・こしょう…各少々
バター…大さじ1
あれば生クリーム、パセリのみじん切り…各適量

作り方

1. 鍋にバターを熱し、玉ねぎをきつね色になるまで炒める。
2. 1にスープの素、水を加えて10分煮る。
3. 2にかぼちゃのマッシュを加え、塩・こしょうで味を調える。器に盛り、あれば生クリームを流し、パセリを散らす。

牛しゃぶサラダ
さっぱりしたごまだれで食欲をアップ

材料(2人分)

- 牛薄切り肉…200g
- 大根の薄切り…100g
- にんじんの薄切り…50g
- ➕【ごまだれ】
  白練りごま・しょうゆ・酢
  …各大さじ2

作り方

1. 牛肉は冷蔵庫で解凍する。
2. 鍋に湯を沸騰しない程度に沸かし、1を1枚ずつ入れて白っぽくなるまで火を通し、ざるに上げる。
3. 器に大根、にんじんを盛り、2を盛る。ごまだれの材料を合わせ、まわしかける。

いかとピーマンの炒めもの
下味が染みたいかのやわらかさがやみつきに

材料(2人分)

- いか(炒めもの用)
  …1ぱい
- ピーマンの乱切り
  …2個分
- ➕ オリーブオイル…大さじ1
  塩・こしょう…各少々

作り方

1. フライパンにオリーブオイルを熱し、冷蔵庫で解凍したいかとピーマンを入れて炒める。
2. 全体に火が通ったら塩・こしょうで味を調える。

仕上げのレシピ 2

3日目のキット

牛しゃぶサラダ
いかとピーマンの炒めもの

ごまだれのかかった冷しゃぶサラダと、
和風味のいかの炒めものがセットの献立。
栄養バランスがよく、さっぱりしたおいしさが魅力。
週の中程にさしかかって疲れかけたときにぴったりです。

4日目のキット

焼き鮭のおろし添え
冷凍豆腐とあさりの煮もの

鮭は凍ったまま焼いてもよいですが、時間がかかるので解凍してからの方がベター。
冷凍豆腐は味が染みやすく、煮崩れしないので煮ものにおすすめです。

≫ 焼き鮭のおろし添え
鮭そのものの味を存分に楽しむ

材料(2人分)

鮭(焼き鮭用)…2切れ
大根おろし…100g

➕ あれば青じそ…2枚

作り方

1 鮭は冷蔵庫に3～4時間おいて解凍する。
2 魚焼きグリルを熱し、1の両面をこんがりと焼く。
3 器に盛り、大根おろしとあれば青じそを添える。

≫冷凍豆腐とあさりの煮もの

冷凍すると高野豆腐のような歯ごたえに変身！

材料(2人分)

絹ごし豆腐(煮もの用)
あさり…150g

+ A　だし汁…200㎖
　　　酒…大さじ2
　　　薄口しょうゆ…大さじ1
細ねぎの小口切り…少々

作り方

1. 鍋にAを熱し、凍ったままの豆腐、あさりを入れる。
2. あさりの口が開くまでふたをして、2分ほど蒸し煮にする。
3. 器に盛り、細ねぎを散らす。

point
冷凍豆腐を煮ものに使う場合は、凍ったまま煮汁に入れてOK。炒めものなどに使う場合は解凍し、水気をしっかりときってから使いましょう。

5日目のキット

青椒肉絲
冷凍豆腐入り中華スープ

炒めものは細切りにした
別の野菜でもおいしく作れます。
スープは春雨を入れればボリュームアップに。
どちらもしっかりとした味つけで、
ご飯がすすむ献立です。

≫ 冷凍豆腐入り中華スープ
冷凍豆腐にあさりの
だしがたっぷり

材料(2人分)

絹ごし豆腐（中華スープ用）
あさり…100g

A 水…500ml
鶏ガラスープの素…小さじ2½
しょうゆ…小さじ1
塩・こしょう…各少々

好みでラー油…適量
あれば香菜…適量

作り方

1. 鍋にAを入れて熱し、凍ったままの豆腐、あさりを入れて4分ほど煮る。
2. 器に盛り、好みでラー油をかけ、あれば香菜をのせる。

≫ 青椒肉絲
冷凍している間に
味が染みて肉がやわらかく

材料(2人分)

牛薄切り肉（青椒肉絲用）…250g
ピーマンの細切り…2個分
たけのこの細切り…100g

+ ごま油…大さじ1
こしょう…少々

作り方

1. フライパンにごま油を熱し、冷蔵庫で解凍した牛肉を入れて炒める。
2. 汁気がなくなり焼き色がついたらピーマン、たけのこを加えて炒める。香ばしく炒めたらこしょうをふり、器に盛る。

---

column

青椒肉絲の
アレンジアイデア

青椒肉絲はピーマンと牛肉の細切りを炒めた、定番中華料理。ピーマンの代わりにパプリカ、たけのこの代わりにエリンギを使ってもおいしくできます。ポイントはすべて大きさを揃えて細切りにすること。

6日目のキット

カツ丼
かぼちゃの煮もの
キャベツの浅漬け

揚げものは加熱済みで油でコーティングされているので、冷凍しても味が落ちにくいというメリットがあります。ホクホクのかぼちゃに浅漬けを添えて大満足の献立に！

≫ かぼちゃの煮もの
おいしい煮ものがあっという間に完成！

材料(2人分)

- かぼちゃ(煮もの用)…300g
- Ⓐ だし汁…150mℓ
  酒・みりん…各大さじ2
  砂糖・しょうゆ…各大さじ1

作り方
1. 鍋にⒶを熱し、凍ったままのかぼちゃを入れる。
2. 1に落としぶたをし、弱火にして8分ほど煮る。

point
かぼちゃは冷凍前に加熱してあるので、煮る時間は生からの半分でOK。味も染みやすいので短時間でほっくり煮ものが完成。

≫ キャベツの浅漬け
冷凍している間に
しんなりと漬かる

材料(2人分)
- キャベツ(浅漬け用)…150g

作り方
1. 20分ほど自然解凍した浅漬けを器に盛る。

仕上げのレシピ 2

≫カツ丼
煮汁の染みた玉ねぎとカツが絶品！

材料(2人分)
- とんカツ(カツ丼用)…2枚
- 玉ねぎの薄切り…100g
- 卵…2個
- **A**
  - だし汁…100mℓ
  - しょうゆ・酒…各大さじ2
  - 砂糖…大さじ1
- 細ねぎの小口切り…少々
- ご飯…2杯分

作り方
1. フライパンにAを熱し、凍ったままの玉ねぎを加えて2分ほど煮る。
2. 1に凍ったままのとんカツを並べ、さらに2分ほど煮る。
3. 卵を割りほぐし、2にまわしかける。卵が好みのかたさになったら火を止める。
4. 冷凍ご飯を電子レンジで温め、器に盛って3をのせ、細ねぎを散らす。

7日目のキット

鮭のクリーム煮
プチトマトのブルスケッタ

玉ねぎやにんじんを冷凍すると食感は少しかために、
味はよりフルーティになります。
贅沢な生クリームのコクいっぱいの鮭のクリーム煮を、
ブルスケッタと一緒にどうぞ。

≫鮭のクリーム煮
生クリームとバターの
リッチなコクが鮭とマッチ

材料(2人分)

鮭(クリーム煮用)…2切れ
にんじんの輪切り…100g
玉ねぎの薄切り…100g

➕Ⓐ 固形スープの素…1/3個
　　水…50㎖
　　生クリーム…100㎖
　バター・塩・こしょう…各少々
　好みで粗びき黒こしょう…少々

作り方

1 フライパンにバターを熱し、凍ったままの鮭を入れて表面に軽く焼き色がつくまでソテーする。
2 1に凍ったままのにんじん、玉ねぎを加えて炒め合わせる。Ⓐも加え、2〜3分煮る。
3 塩・こしょうで味を調えて器に盛り、好みで粗びき黒こしょうをふる。

≫プチトマトのブルスケッタ
ガーリックの効いた
トマトのマリネをのせて焼くだけ

材料(2人分)

プチトマト(ブルスケッタ用)
　…4個分
➕ バゲット…6個
　あればディル…少々

作り方

1 バゲットに凍ったままのプチトマトをほぐしてのせる。
2 1をオーブントースターでこんがりと5分ほど焼く。
3 器に盛り、あればディルをちぎって散らす。

---

column

**ブルスケッタの
アレンジアイデア**

こんがり焼いたガーリックトーストにトマトのマリネをのせるのが定番のブルスケッタ。バゲットもトマトも凍っている場合は、一緒に焼いてしまうのが◯。プチトマトの代わりに、ズッキーニのスライスでもおいしく作れます。

ポトフと中華風豚スープが七変化！
かんたんお手軽キット

ポトフと中華風豚スープを作るため、大きな鍋が2つ必要です。
具材も多いので、煮えたものから取り出してもよいでしょう。

{ 週間献立表 }

1日目 ⇒ ポトフ

2日目 ⇒ 中華風豚スープ

3日目 ⇒ タンドリーチキン／ミネストローネ

4日目 ⇒ 豚の角煮／キャベツの炒め漬け

5日目 ⇒ 鶏のデミグラスソース煮／いちごの合わせバター

6日目 ⇒ 中華風豚汁／キャベツの炒め漬け

7日目 ⇒ 鶏のクリームシチュー／ハーブの合わせバター

買いものリスト (2人分・7献立)

※ ■は、仕上げ時にのみ使用する食材です。
※このほか、P.46の調味料＆副食材リストの食材が必要です。

- □ 鶏骨つきもも肉 ——— 8本
- □ 豚肩ロース塊肉 ——— 1kg
- □ 玉ねぎ ——— 2個
- □ にんじん ——— 3本
- □ セロリ ——— 2本
- □ キャベツ ——— ¾個
- □ じゃがいも ——— 2個
- □ 白菜 ——— ½個 (600g)
- □ 長ねぎ ——— 2本
- □ しいたけ ——— 1パック
- □ しめじ ——— 1パック
- □ プレーンヨーグルト ——— 150g
- □ バター ——— 100g
- ■ 生クリーム ——— 120ml
- ■ デミグラスソース缶 ——— 150g
- ■ トマト水煮缶 ——— 100g
- ■ ミックスビーンズ (水煮) ——— 30g

kit 3

一週間の献立

1日目のキット ▶ P.47

メイン ポトフ

2日目のキット ▶ P.48

メイン 中華風豚スープ

3日目のキット ▶ P.49

スープ ミネストローネ
メイン タンドリーチキン

4日目のキット ▶ P.50

メイン 豚の角煮
副菜 キャベツの炒め漬け

5日目のキット ▶ P.51

メイン 鶏のデミグラスソース煮
＋ いちごの合わせバター

6日目のキット ▶ P.52

メイン 中華風豚汁
副菜 キャベツの炒め漬け

7日目のキット ▶ P.53

メイン 鶏のクリームシチュー
＋ ハーブの合わせバター

下ごしらえ

冷蔵庫で保存 / 冷凍庫で保存

中華風豚スープを作る

■ **材料** 豚肩ロース塊肉…1kg　白菜…½個　にんじん…1本　長ねぎ…3本　しいたけ・しめじ…各1パック　塩・こしょう…各少々
ⓐ 鶏ガラスープの素…小さじ10　水…2ℓ　酒…50㎖　しょうゆ・砂糖…各大さじ3　しょうがの薄切り…3枚　八角…1個　塩・こしょう…各少々

1
豚肉は400g（中華風豚スープ用、豚の角煮用）が2つ、200g（豚汁用）が1つの3つに切り分ける。両面に塩・こしょうをふる。

2

フライパンに油を熱して豚肉を入れ、こんがりと焼き色がつくまで焼く。

3

白菜は芯の部分に包丁で切り込みを入れ葉は裂いて4つ割りにする。にんじんは4等分に、長ねぎは半分に、しいたけ・しめじは石づきを落とし、食べやすい大きさに分ける。

4

鍋にⓐと豚肉を入れて火にかけ、アクをとって30分煮る。にんじん、長ねぎ、しいたけ、しめじを鍋に入れ、10分ほど煮たら野菜ときのこを取り出し、白菜を入れてさらに30分ほど煮る。

豚肉400g、にんじん½本、長ねぎ1本、白菜¼個、しいたけ4個、しめじ½パック、スープ400㎖

▶ 2日目のキット
中華風豚スープ

豚肉、にんじん、長ねぎ、白菜は半分に切り、すべての材料を食品保存容器に入れる。

豚肉400g、長ねぎ1本、しめじ½パック

▶ 4日目のキット
豚の角煮

豚肉は3㎝角、長ねぎは4㎝長さに切り、しめじと一緒にジッパーバッグに入れる。

スープ400㎖　▶ 4日目のキット

豚の角煮

豚肉200g、にんじん½本、長ねぎ1本、白菜¼個、しいたけ2個

▶ 6日目のキット
中華風豚汁

豚肉は短冊切り、にんじんは半月切り、長ねぎは1㎝長さ、白菜は1㎝幅、しいたけは薄切りにする。すべて一緒にジッパーバッグに入れる。

スープ400㎖　▶ 6日目のキット

中華風豚汁

キャベツの炒め漬けを作る

■ **材料**
キャベツ…¼個　ごま油…小さじ1
ⓐ 酢…大さじ2　砂糖…大さじ1　塩…小さじ⅓　しょうゆ…小さじ1　白炒りごま…小さじ½

キャベツは1㎝幅に切る。フライパンにごま油を熱してキャベツを炒め、ⓐを加えて炒め合わせる。半量ずつジッパーバッグに入れる。

半量　▶ 4日目のキット　**キャベツの炒め漬け**
半量　▶ 6日目のキット　**キャベツの炒め漬け**

合わせバターを作る

■ **材料** バター…100g
■ **材料（ハーブバター用）** 好みのハーブ（ディル、パセリなど）…5g　塩…1g
■ **材料（いちごバター用）** いちごジャム…25g（半量まで煮詰める）　塩…1g

バターは常温に置くか、電子レンジで20秒ほど加熱してやわらかくし、半量にハーブバター用、残りにいちごバター用の材料を加えて練る。

いちごバター　▶ 5日目のキット　**いちごの合わせバター**
ハーブバター　▶ 7日目のキット　**ハーブの合わせバター**

調味料＆副食材リスト（買いものリストに入っていないもの）

下ごしらえ時
調味料 ▶ 塩／こしょう／しょうゆ／酒／砂糖／トマトケチャップ／鶏ガラスープの素／カレー粉／八角／白いりごま／タイム／ローリエ／ハーブ（好みのもの・ハーブバター用）／いちごジャム　**油類** ▶ ごま油　**香味野菜類** ▶ にんにく（みじん切り、すりおろし）／しょうが（薄切り）

仕上げ時
調味料 ▶ 塩／こしょう／味噌／練り辛子／粒マスタード／一味唐辛子／はちみつ　**油類** ▶ ごま油／オリーブオイル　**粉類** ▶ 片栗粉　**香味野菜類** ▶ にんにく（みじん切り）／細ねぎ（小口切り）／バジル（あれば）　**ご飯・パン** ▶ バゲット（いちご、ハーブの合わせバター用）

ポトフを作る

■ 材料
鶏骨つきもも肉…8本　玉ねぎ…2個　キャベツ…½個　にんじん…2本　セロリ…2本　じゃがいも…2個
ⓐ 固形スープの素…4個　水…2ℓ　塩…小さじ1　タイム…1枝　ローリエ…1枚

1

鶏もも肉は骨に沿って切り込みを入れ、関節にも切り込みを入れる。

2

玉ねぎ、キャベツはくし形に切る。にんじんは縦半分、セロリは20cm長さに切る。じゃがいもは皮をむく。

3

じゃがいも、にんじん、鶏肉、ⓐを鍋に入れ火にかける。アクが出たら取り除く。

4

25分ほど煮たら鶏肉を取り出し、キャベツ、玉ねぎ、セロリを入れてさらに15分煮る。

鶏もも肉2本、にんじん½本、キャベツ¼個、セロリ1本、玉ねぎ½個、じゃがいも1個、スープ400㎖
▶1日目のキット

ポトフ

鶏もも肉2本　▶3日目のキット

タンドリーチキン

鶏肉は関節で切る。ジッパーバッグに調味料を合わせ、鶏肉を入れて漬ける。■ タンドリーチキン用調味料　水きりヨーグルト(※)…150g　にんにくのすりおろし…小さじ½　トマトケチャップ…大さじ1　カレー粉…小さじ1

※水きりヨーグルトの作り方…コーヒーフィルターまたはざるにキッチンペーパーを敷き、ヨーグルトを入れて1時間以上置き、水気をきる。

にんじん½本、キャベツ¼個、玉ねぎ½個
▶3日目のキット

ミネストローネ

さいの目に切ってジッパーバッグに入れる。

スープ400㎖　▶3日目のキット

ミネストローネ

鶏もも肉2本、にんじん½本、セロリ1本、玉ねぎ½個
▶5日目のキット

鶏のデミグラスソース煮

にんじんは斜めに4等分、セロリは4cm長さに、玉ねぎはくし形に切る。

スープ400㎖　▶5日目のキット

鶏のデミグラスソース煮

鶏もも肉2本、にんじん½本、玉ねぎ½個、じゃがいも1個
▶7日目のキット

鶏のクリームシチュー

鶏肉は関節で切り、にんじん、玉ねぎ、じゃがいもは2cm角に切ってジッパーバッグに入れる。

スープ400㎖　▶7日目のキット

鶏のクリームシチュー

下ごしらえ・仕上げのレシピ

1日目のキット　ポトフ

ポトフはフランスの家庭料理。骨つき肉を使うと、骨から旨みが出てくるので、塩味だけで絶品のおいしさに。

≫ポトフ
鍋任せで煮るだけで、深い味わい

ポトフ
🞤 粒マスタード…適量

1　ポトフを鍋に入れて温め、器に盛る。粒マスタードをつけて食べる。

2日目のキット

中華風豚スープ

中華風の味わいの秘密は八角（スターアニス）。
好みで五香粉やしょうがを入れてもいいでしょう。

≫ 中華風豚スープ
じっくり煮れば煮るほど、肉がやわらかく

材料(2人分)

 中華風豚スープ

作り方

1　中華風豚スープを鍋に入れて温め、器に盛る。

3日目のキット

タンドリーチキン
ミネストローネ

10分ほどででき上がるのに、チキンには
しっかり味が染み、スープの野菜はやわらか。
まとめて作ってあればこその幸せ。

≫タンドリーチキン
水きりヨーグルト入りの
コクのある漬けだれで

材料(2人分)

鶏肉
(タンドリーチキン用)

作り方

1. オーブンを250℃に予熱する。
2. 天板の上にオーブンシートを敷き、タンドリーチキンを並べる。オーブンに入れて8分ほど焼く。

≫ミネストローネ
ショートパスタを加えて
ボリュームアップしても

材料(2人分)

野菜(ミネストローネ用)
スープ(ミネストローネ用)
　…400㎖

➕ トマト水煮缶(カットタイプ)
　…100g
　ミックスビーンズ(水煮)
　…30g
　にんにくのみじん切り…少々
　オリーブオイル…小さじ1
　あればバジルの葉…少々

作り方

1. 鍋にオリーブオイルを熱してにんにくを炒め、香りが立ったら残りの材料すべてを入れる。
2. 5分ほど煮て、器に盛る。あればバジルを飾る。

4日目のキット

豚の角煮
キャベツの炒め漬け

手間のかかる手作り角煮も、
平日、仕事から帰ってきてから
仕上げることができます。
中華風の漬けものを添えて。

≫ 豚の角煮

ほろりと崩れる
やわらかい肉に舌鼓

材料(2人分)

豚肉、野菜(豚の角煮用)
スープ(豚の角煮用)…400ml

➕ はちみつ…小さじ1
　 練り辛子…適量

作り方

1. 鍋に冷蔵庫で解凍したスープ、はちみつを入れ、1/3量ぐらいになるまで煮詰める。
2. 1に冷蔵庫で解凍した豚肉、野菜を入れ、全体にからめながら10分ほど煮る。
3. 器に盛り、練り辛子を添える。

≫ キャベツの炒め漬け

ごま油の風味豊かな
甘酢漬け

材料(2人分)

キャベツの炒め漬け

作り方

1. 20分ほど自然解凍した炒め漬けを器に盛る。

≫鶏のデミグラスソース煮
すぐに火が通る
きのこ類をプラスしても

材料(2人分)

鶏肉、野菜
(鶏のデミグラスソース煮用)
スープ(鶏のデミグラスソース煮用)
…400㎖

+ デミグラスソース缶…150g

作り方
1. 鶏肉、野菜、スープは冷蔵庫で解凍する。
2. 鍋にデミグラスソース缶を入れ、スープで溶きのばす。
3. 2に具材を入れ、4分ほど温める。

≫いちごの合わせバター
バターに煮詰めた
ジャムを加えて

材料(2人分)

いちごの合わせバター
+ バゲット…適量

作り方
1. バゲットをオーブントースターで焼き、合わせバターを塗る。

5日目のキット

鶏のデミグラスソース煮
いちごの合わせバター

ポトフから作るから、じっくり煮込んだ
シチューが10分で食卓に！
余裕があればグリーンサラダを添えても。

6日目のキット

中華風豚汁
キャベツの炒め漬け

八角が効いたスープをベースにしているので、
ほんのり中華味なのが新鮮!
ご飯によく合います。

≫ 中華風豚汁
体が温まる具だくさんスープ

材料(2人分)

豚肉、野菜(中華風豚汁用)
スープ(中華風豚汁用)…400ml
+ 味噌…大さじ1
ごま油…小さじ1
あれば細ねぎの小口切り、
一味唐辛子…各少々

作り方

1 鍋にごま油を熱し、凍ったままの豚肉と野菜を入れて炒める。
2 1に冷蔵庫で解凍したスープを入れ、沸騰したら味噌を溶き入れる。
3 器に盛り、あれば細ねぎを散らし、一味唐辛子をふる。

≫ キャベツの炒め漬け
ごま油が香る
中華風甘酢味

材料(2人分)

キャベツの炒め漬け…半量

作り方

1 20分ほど自然解凍した炒め漬けを器に盛る。

kit 3 仕上げのレシピ

7日目のキット

鶏のクリームシチュー
ハーブの合わせバター

生クリームと水溶き片栗粉で作る、簡単シチュー。
なのにいつもよりワンランク上の味に驚くはず！

≫ 鶏のクリームシチュー
ゆでたブロッコリーや
いんげんを添えても

材料(2人分)

鶏肉、野菜(鶏のクリームシチュー用)
スープ(鶏のクリームシチュー用)
…400㎖

+ 生クリーム…120㎖
　片栗粉…小さじ2
　塩・こしょう…各少々

作り方
1 鶏肉、野菜、スープは冷蔵庫で解凍する。
2 鍋にスープと生クリームを入れ、温める。倍量の水で溶いた片栗粉をまわし入れ、とろみをつける。
3 2に具材を入れ、4分ほど温める。塩・こしょうで味を調える。

≫ ハーブの合わせバター
ディルやパセリが
豊かに香る

材料(2人分)

ハーブの合わせバター
+ バゲット…適量

作り方
1 バゲットをオーブントースターで焼き、合わせバターを塗る。

kit 4

カレー、お好み焼き、牛丼…
ワンプレートの楽ちんキット

和風寄せ鍋のようなおかずの元になるスープが、
カレーや麻婆豆腐、お好み焼きにまで大変身！
あらかじめ加熱してあるのであっという間に食卓へ。

{ 週間献立表 }

- 1日目 → 牛プルコギ
- 2日目 → 麻婆豆腐／キムチきゅうり／中華風スープ
- 3日目 → 豚キムチ炒め／味噌田楽
- 4日目 → シーフードカレー／きゅうりのピクルス
- 5日目 → 洋風トマト雑炊／きゅうりの浅漬け
- 6日目 → お好み焼き
- 7日目 → 牛丼

買いものリスト（2人分・7献立）

※■は、仕上げ時にのみ使用する食材です。
※このほか、P.56の調味料＆副食材リストの食材が必要です。

- □ 豚薄切り肉 ── 500g
- □ 牛薄切り肉 ── 400g
- □ たら ── 4切れ
- □ えび ── 12尾
- □ 絹ごし豆腐 ── 1丁
- □ 白菜 ── ¼個
- □ にんじん ── 1本
- □ きゅうり ── 3本
- □ えのきだけ ── 1パック
- □ ピーマン ── 2個
- □ キャベツ ── ¼個
- □ 長ねぎ ── 1本
- □ りんご ── 小1個
- □ 白菜キムチ ── 150g
- □ こんにゃく ── 1袋
- □ 春雨 ── 10g
- □ 卵 ── 3個
- ■ トマトジュース ── 200mℓ
- ■ お好み焼き粉 ── 100g
- ■ 揚げ玉 ── 大さじ3

一週間の献立

1日目のキット ▶ P.57

メイン: 牛プルコギ

2日目のキット ▶ P.58

副菜: キムチきゅうり
メイン: 麻婆豆腐
スープ: 中華風スープ

3日目のキット ▶ P.59

メイン: 豚キムチ炒め
副菜: 味噌田楽

4日目のキット ▶ P.60

メイン: シーフードカレー
副菜: きゅうりのピクルス

5日目のキット ▶ P.61

副菜: きゅうりの浅漬け
メイン: 洋風トマト雑炊

6日目のキット ▶ P.62

メイン: お好み焼き

7日目のキット ▶ P.63

メイン: 牛丼

kit 4 下ごしらえ

▷ 冷蔵庫で保存　▷ 冷凍庫で保存

おかずの元スープを作る

- **材料** 豚薄切り肉…500g　たら…4切れ　えび…12尾　絹ごし豆腐…1丁　白菜…¼個　にんじん…1本　こんにゃく…1袋　えのきだけ…½パック
  ⓐ昆布10㎝角…1枚　酒…大さじ2　水…1.5ℓ

1. えびは殻をむく。豆腐は奴に切る。白菜は3㎝角のざく切りにする。にんじんは1㎝幅の斜め切り、こんにゃくは田楽用の4枚は1.5㎝厚さ、残りは1㎝幅に切る。

2. 鍋にⓐを入れて沸かし、材料すべてを入れて煮る。沸騰したらアクを取り、鍋に入りきらない場合は、煮えたものから取り出して、すべてに火を通す。

豚肉200g ▶ 2日目のキット
麻婆豆腐
1㎝幅に切り、ジッパーバッグに入れる。

スープ400㎖ ▶ 2日目のキット
中華風スープ

豚肉200g、えのき½パック ▶ 3日目のキット
豚キムチ炒め
豚肉は3㎝幅に切る。

たら2切れ、白菜⅛個、にんじん½本、えび8尾 ▶ 4日目のキット
シーフードカレー
たらは骨を取り4等分に切る。白菜、にんじん、えびとともにジッパーバッグに入れる。

たら2切れ、白菜1枚、にんじん¼本 ▶ 5日目のキット
洋風トマト雑炊
たらは骨を取り2㎝角に切る。白菜とにんじんは1㎝角に切り、ともにジッパーバッグに入れる。

残りのこんにゃくの半量、豚肉100g、えび4尾 ▶ 6日目のキット
お好み焼き
こんにゃくは短冊切りにする。

豆腐1丁 ▶ 2日目のキット
麻婆豆腐
1.5㎝角のさいの目に切り、食品保存容器に入れる。

白菜1枚、にんじん¼本 ▶ 2日目のキット
中華風スープ
細切りにし、食品保存容器に入れる。

こんにゃく4枚 ▶ 3日目のキット
味噌田楽

スープ300㎖ ▶ 4日目のキット
シーフードカレー

スープ200㎖ ▶ 5日目のキット
洋風トマト雑炊

スープ150㎖ ▶ 6日目のキット
お好み焼き

残りのこんにゃくの半量 ▶ 7日目のキット
牛丼
短冊切りにする。

長ねぎ 1本

長ねぎは1㎝幅の斜め切りにする。3等分にしてそれぞれジッパーバッグに入れる。

⅓量 ▶ 1日目のキット
牛プルコギ

⅓量 ▶ 3日目のキット
豚キムチ炒め

⅓量 ▶ 7日目のキット
牛丼

牛薄切り肉 400g

- **材料（プルコギ用）** ⓐしょうゆ…大さじ2　砂糖・酒…各大さじ1　りんごのすりおろし…小½個分　にんにくのみじん切り…小さじ1
- **材料（牛丼用）** ⓑしょうがのみじん切り…小さじ1　しょうゆ・酒…各大さじ2　みりん・砂糖…各大さじ1

牛薄切り肉はすべて2㎝幅に切る。200g（プルコギ用）はジッパーバッグに入れ、合わせたⓐを加えて全体にもみ込む。200g（牛丼用）はジッパーバッグに入れ、合わせたⓑを加えて全体にもみ込む。

プルコギ用 ▶ 1日目のキット
牛プルコギ

牛丼用 ▶ 7日目のキット
牛丼

調味料＆副食材リスト
（買いものリストに入っていないもの）

下ごしらえ時　調味料 ▶ 塩／しょうゆ／酒／砂糖／みりん／黒粒こしょう／昆布／白ワインビネガー／タイム／ローリエ／クローブ／コリアンダー　香味野菜類 ▶ にんにく（みじん切り）／しょうが（みじん切り）／青じそ（せん切り）

仕上げ時　調味料 ▶ 塩／こしょう／しょうゆ／酒／砂糖／白味噌／みりん／豆板醤／甜麺醤／紹興酒（あれば）／マヨネーズ／お好み焼き用ソース／だし汁／鶏ガラスープの素／白ごま／白すりごま／青のり／かつお節／糸唐辛子（あれば）／乾燥カットわかめ／紅しょうが（あれば）／カレールウ　油類 ▶ サラダ油／ごま油／オリーブオイル　卵・乳製品 ▶ バター　粉類 ▶ 片栗粉　香味野菜類 ▶ にんにく（みじん切り）／しょうが（みじん切り）／長ねぎ（みじん切り）／細ねぎ（小口切り）／ディル（あれば）　ご飯・パン ▶ ご飯（シーフードカレー用・洋風トマト雑炊用・牛丼用）

きゅうり
3本

- **材料（キムチきゅうり用）** 白菜キムチ…30g りんご…小½個 塩…小さじ⅓ しょうゆ…小さじ1
- **材料（きゅうりのピクルス用）** 白ワインビネガー…50ml 水…40ml 塩…大さじ¼ 砂糖…大さじ1 タイム…¼枝 ローリエ…½枚 クローブ…1本 コリアンダー・黒粒こしょう…各3粒
- **材料（きゅうりの浅漬け用）** 塩…小さじ⅓ 青じそのせん切り…1枚分

1 A キムチ／B ピクルス／C 浅漬け

1本（キムチきゅうり用）は8mm幅の斜め切りにする。1本（ピクルス用）は半分の長さに切り、四つ割りにする。1本（浅漬け用）は乱切りにする。

2/A りんごはいちょう切りにし、残りの材料すべてとともにジッパーバッグに入れ、もみ込んで味をなじませる。

2/B ピクルス用材料を鍋に入れ、ひと煮立ちさせる。食品保存容器に移し、きゅうりを加えて漬ける。

2/C 材料すべてをジッパーバッグに入れ、もみ込んで味をなじませる。

キャベツ
¼個

キャベツは1cm角に切ってジッパーバッグに入れる。

全量 ▶ 6日目のキット お好み焼き

ピーマン
2個

えのきだけ
½パック

ピーマンはヘタと種を取り、細切りにする。えのきは石づきを落として半分の長さに切る。

春雨
10g

鍋に湯を沸かし、春雨を加えて2〜3分ゆで、ざるに上げる。10cm長さに切る。

全量 ▶ 1日目のキット 牛プルコギ

全量 ▶ 1日目のキット 牛プルコギ

---

kit 4 下ごしらえ・仕上げのレシピ

2/A ▶ 2日目のキット キムチきゅうり

2/B ▶ 4日目のキット きゅうりのピクルス

2/C ▶ 5日目のキット きゅうりの浅漬け

1日目のキット
牛プルコギ

プルコギは甘辛い味つけで、韓国風すき焼きともいわれています。あとはキムチと好みのスープを添えれば完璧！

≫ 牛プルコギ
りんご入りのフルーティな漬けだれで

材料（2人分）
牛肉（牛プルコギ用）…200g
えのきだけ、ピーマン（牛プルコギ用）
長ねぎ（牛プルコギ用）
春雨…10g
＋ ごま油…小さじ2
白すりごま…少々
あれば糸唐辛子…適量

作り方
1 フライパンにごま油を熱し、野菜を入れて香ばしく炒める。
2 1に漬け込んだ牛肉を入れて炒め、さらに春雨も加えて炒め合わせる。
3 器に盛り、すりごまをふり、あれば糸唐辛子をのせる。

2日目のキット

麻婆豆腐
キムチきゅうり
中華風スープ

麻婆豆腐は炒め始める前に
調味料を合わせておくのがコツ。
豆腐を煮てあるので仕上げが楽です。

≫ 麻婆豆腐
甜麺醤、豆板醤を使ったコク辛中華

材料(2人分)

豚肉(麻婆豆腐用)
豆腐(麻婆豆腐用)

+ 長ねぎのみじん切り…1/6本分
  しょうが・にんにくの
  みじん切り…各1/2片分
  豆板醤…大さじ1/2

Ⓐ 豆板醤・しょうゆ…各大さじ1/2
  酒または紹興酒…大さじ1
  甜麺醤…小さじ1/2
  鶏ガラスープの素…小さじ1/2
  水…125ml
  片栗粉…小さじ2
  サラダ油…大さじ1
  あれば細ねぎの小口切り…適量

作り方

1. 中華鍋またはフライパンにサラダ油を熱し、ねぎ、しょうが、にんにくを入れる。続いて豆板醤を加え、香りが出てくるまで炒める。
2. 1に豚肉を加え、合わせたⒶも加えて炒め合わせる。続いて豆腐も入れ、崩さないようにひと混ぜする。豆腐が調味料となじんだら倍量の水で溶いた片栗粉をまわし入れてとろみをつける。
3. 味を見て塩(分量外)で調え、器に盛る。あれば細ねぎを散らす。

≫ キムチきゅうり
りんご入りの
サラダ感覚キムチ

材料(2人分) | **作り方**

キムチきゅうり | 1 器に盛る。

≫ 中華風スープ
溶き卵を加えてボリュームアップしても

材料(2人分)

野菜(中華風スープ用)
スープ(中華風スープ用)…400ml
乾燥カットわかめ…3g
ごま油…少々
塩・こしょう…各少々

作り方

1. 鍋に材料すべてを入れ、温める。味を見て塩・こしょうで調える。

kit 4 仕上げのレシピ

3日目のキット

豚キムチ炒め
味噌田楽

豚肉はゆでてあるので余分な油が落ち、味が染みやすくなっています。
味噌田楽は白味噌で甘く仕上げて上品に。

≫ 味噌田楽
田楽味噌はふろふき大根や焼きおにぎりにも◯

材料(2人分)
- こんにゃく(味噌田楽用)
- ＋ 白ごま…少々

【田楽味噌】
- 白味噌…大さじ2
- 砂糖・みりん・だし汁…各大さじ1
- 酒…小さじ1
- 卵黄…1個分

作り方
1. 田楽味噌を作る。鍋に味噌、砂糖を入れて混ぜ、みりん、だし汁、酒で溶きのばし、卵黄を加える。弱火にかけ、程よいかたさになるまで練り混ぜる。
2. こんにゃくはひたひたの湯に入れて温める。
3. 2に串を刺し、器に盛る。田楽味噌をかけ、白ごまをふる。

≫ 豚キムチ炒め
炒めることでキムチの辛味や酸味がマイルドに

材料(2人分)
- 豚肉、えのきだけ(豚キムチ炒め用)
- 長ねぎ(豚キムチ炒め用)
- ＋ 白菜キムチ…120g
- しょうがのみじん切り…小さじ1
- しょうゆ…小さじ1
- ごま油…大さじ1

作り方 ※凍っている食材は、そのまま調理する。
1. フライパンにごま油を熱し、ねぎとしょうがを炒め、豚肉、えのき、キムチも加えて炒め合わせる。
2. しょうゆをまわし入れ、味を調える。

4日目のキット

シーフードカレー
きゅうりのピクルス

寄せ鍋風の具材も、
ルウを加えればおいしいカレーに早変わり。
ガーリックで具材を炒めるのがポイントです。

≫ シーフードカレー
旨みたっぷりの
鍋のスープを活用して

材料(2人分)

具材(シーフードカレー用)
スープ(シーフードカレー用)…300㎖

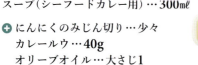

+ にんにくのみじん切り…少々
　カレールウ…40g
　オリーブオイル…大さじ1
　ご飯…2杯分

作り方

1 具材、スープは冷蔵庫で解凍する。
2 フライパンにオリーブオイルを熱し、にんにくを炒める。具材のたら、えび、にんじん、白菜の順に炒め、スープを加える。
3 2に砕いたカレールウを加え、3分ほど煮る。
4 ご飯を器に盛り、3をかける。

≫ きゅうりのピクルス
カレーには外せない
酸味の効いた箸休め

材料(2人分)

きゅうりのピクルス

作り方

1 器に盛る。

kit 4 仕上げのレシピ

> 5日目のキット

洋風トマト雑炊
きゅうりの浅漬け

夕食を軽めに済ませたい、という日にピッタリの献立です。ボリュームアップしたいならチーズや溶き卵を加えて。

> 洋風トマト雑炊
たらと相性のよい
トマトでさっぱりと

材料(2人分)

具材(洋風トマト雑炊用)
スープ(洋風トマト雑炊用)…200ml

+ にんにくのみじん切り…少々
バター…10g
トマトジュース…200ml
ご飯…2杯分
塩・こしょう…各少々
あればディル…少々

作り方

1. 具材、スープは冷蔵庫で解凍する。
2. 鍋にバターを温めてにんにくを炒める。具材を入れて炒め、スープ、トマトジュースも加えて温める。
3. ご飯を加え、塩・こしょうで味を調える。
4. 器に盛り、あればディルを飾る。

> きゅうりの浅漬け
しその代わりに
バジルで漬けても◎

材料(2人分)

きゅうりの浅漬け

作り方

1. 20分ほど自然解凍した浅漬けを器に盛る。

6日目のキット

お好み焼き

お好み焼きは主菜、副菜、主食を兼ねた
オールインワンのスペシャルフード。
忙しいときの味方です。

》お好み焼き
好みで
ピザ用チーズを入れても

材料(2人分)

具材(お好み焼き用)
キャベツ(お好み焼き用)
スープ(お好み焼き用)…150㎖
＋ 卵…2個
　 揚げ玉…大さじ3
　 お好み焼き用粉(市販品)…100g
　 お好み焼き用ソース・マヨネーズ・
　 青のり・かつお節…各適量
　 サラダ油…適量

作り方

1 お好み焼き用の具材は冷蔵庫で解凍する。
2 ボウルにスープ、卵を入れて割りほぐし、お好み焼き用粉を入れて混ぜ、揚げ玉、キャベツも加えて混ぜる。
3 フライパンにサラダ油を熱し、2の半量を流し入れる。具材の半量を並べて4～5分焼き、裏返してさらに4～5分焼く。
4 もう一度裏返して器に盛り、ソースをぬり、マヨネーズ・青のり・かつお節をかける。同様にもう1枚作る。

仕上げのレシピ kit 4

≫牛丼
肉を甘めに煮て、とろりとやわらかく

材料(2人分)

牛肉(牛丼用)…200g
こんにゃく(牛丼用)
長ねぎ(牛丼用)

➕ だし汁…100㎖
　ご飯…2杯分
　サラダ油…小さじ2
　あれば紅しょうが…適量

作り方

1 フライパンにサラダ油を熱し、冷蔵庫で解凍した牛肉、こんにゃく、長ねぎを入れて軽く炒め、だし汁を加えて3分ほど煮る。
2 ご飯を器に盛り、1をのせる。あれば紅しょうがを添える。

7日目のキット

牛丼

丼もので人気ナンバーワンといえば、やっぱり牛丼！牛肉は適度に脂身が入っているものを使って。

kit 5 和風の煮ものを中心に
体にやさしいヘルシーキット

ストレスが溜まっているとき、夜遅く帰ってきたとき、
病気の回復期…などにうれしい、栄養バランスのとれた
胃腸にやさしい献立を集めました。

【 週間献立表 】

1日目 → かれいとごぼうの煮つけ／ひじきの煮もの／雑穀ご飯
2日目 → 筑前煮／切り干し大根の煮もの／おかゆ
3日目 → 鍋焼きうどん／いんげんのごま和え／きのこの酒蒸し
4日目 → 筑前煮の卵とじ／ほうれん草入り雑炊／豆乳味噌汁
5日目 → きのこ入りそば／ほうれん草の卵炒め
6日目 → 豚ヒレ肉の塩麹焼き／ひじきご飯
7日目 → かれいの煮つけ焼き／切り干し大根入り卵焼き／豆乳がゆ

買いものリスト（2人分・7献立）

※■は、仕上げ時にのみ使用する食材です。
※このほか、P.66の調味料＆副食材リストの食材が必要です。

- □ 豚ヒレ肉 ── 200g
- □ 鶏むね肉 ── 250g
- □ 油揚げ ── 1枚
- □ かれい ── 4切れ
- □ ひじき ── 15g
- □ 切り干し大根 ── 30g
- □ 干ししいたけ ── 2枚
- □ にんじん ── 1本
- □ こんにゃく ── 小1枚
- □ たけのこ（水煮） ── 150g
- □ ほうれん草 ── 1束
- □ ごぼう ── 1本
- □ いんげん ── 14本（140g）
- □ しめじ ── 1パック
- □ えのきだけ ── 1パック
- □ かに風味かまぼこ ── 6本
- □ ちくわ ── 2本
- □ 冷凍うどん ── 2玉
- □ 冷凍そば ── 2玉
- □ 卵 ── 9個
- ■ 豆乳 ── 350ml

1日目のキット ▶ P.70,71

- メイン：かれいとごぼうの煮つけ
- 副菜：ひじきの煮もの
- ＋ 雑穀ご飯

2日目のキット ▶ P.72,73

- メイン：筑前煮
- 副菜：切り干し大根の煮もの
- ＋ おかゆ

3日目のキット ▶ P.74,75

- メイン：鍋焼きうどん
- 副菜：きのこの酒蒸し
- 副菜：いんげんのごま和え

4日目のキット ▶ P.76

- メイン：筑前煮の卵とじ
- 主食：ほうれん草入り雑炊
- ＋ 豆乳味噌汁

5日目のキット ▶ P.77

- メイン：きのこ入りそば
- 副菜：ほうれん草の卵炒め

6日目のキット ▶ P.78,79

- メイン：豚ヒレ肉の塩麹焼き
- 主食：ひじきご飯

7日目のキット ▶ P.80, 81

- メイン：かれいの煮つけ焼き
- 副菜：切り干し大根入り卵焼き
- ＋ 豆乳がゆ

part 5 一週間の献立

下ごしらえ

 ▶ 冷蔵庫で保存   ▶ 冷凍庫で保存

調味料&副食材リスト
（買いものリストに入っていないもの）

下ごしらえ時
調味料
▶ しょうゆ／酒／砂糖／みりん／だし汁／塩麹

油類
▶ ごま油

仕上げ時
調味料
▶ 塩／こしょう／しょうゆ／酒／砂糖／みりん／薄口しょうゆ／だし汁／白炒りごま／かつお節／乾燥カットわかめ

油類
▶ サラダ油／ごま油

卵・乳製品
▶ バター

香味野菜類
▶ 細ねぎ（あれば小口切り）

ご飯・パン
▶ 米（おかゆ用）／雑穀ご飯（ひじきご飯用）

ひじきの煮ものを作る

■ **材料**　ひじき…15g　にんじん…⅓本　油揚げ…1枚
ⓐ 酒…大さじ1　砂糖・しょうゆ…各大さじ1½　だし汁…300㎖
ごま油…大さじ1

1

ひじきは水に浸けてやわらかく戻し、ざるに上げて流水で洗い、水気をしっかりときる。

2

にんじんは3cm長さの細切りにする。油揚げは縦半分に切り、端から3mm幅に切る。

3

鍋にごま油を強火で熱し、にんじん、油揚げを炒め、しんなりとしたらひじきを加えて1～2分炒める。

4

4にⓐを加え、煮立ったら中火にして落としぶたをし、ほぼ煮汁がなくなるまで15分ほど煮る。粗熱をとり、¾量をひじきの煮もの用、¼量をひじきご飯用にジッパーバッグに入れる。

¾量 ▶ 1日目のキット　　¼量 ▶ 6日目のキット

ひじきの煮もの　　ひじきご飯

筑前煮を作る

■ **材料**
鶏むね肉…1枚（250g）　干ししいたけ…2枚　ごぼう…½本　にんじん…⅓本　たけのこ（水煮）…150g　こんにゃく…小1枚
ⓐ だし汁…400㎖　みりん・砂糖・しょうゆ…各大さじ3
ごま油…小さじ2

1

鶏肉は余分な脂肪を取り、3cm角に切る。

2

干ししいたけはポリ袋にひたひたの水とともに入れ、密閉して戻して石づきを取り、乱切りにする。ごぼうは乱切りし、水に浸す。

3

にんじん、たけのこは乱切りにする。こんにゃくはひと口大にちぎる。

4

鍋にごま油を強火で熱し、鶏肉を皮目を下に入れて全体に焼き色がつくまで焼く。余分な脂が出てきたらキッチンペーパーで拭き取る。

切り干し大根の煮ものを作る

■ **材料**
切り干し大根…30g　ちくわ…小2本
にんじん…⅓本
ⓐ みりん・しょうゆ…各大さじ2　砂糖
　…大さじ1　だし汁…400㎖
ごま油…小さじ1

1

切り干し大根はさっと水洗いし、たっぷりの水に浸けて戻す。

2

10分ほど置いてやわらかくなったら両手ですくって水気を絞る。

3

ちくわは輪切りに、にんじんは3cm長さの細切りにする。

4

フライパンにごま油を熱し、にんじんを入れて炒める。油がなじんだらちくわ、切り干し大根をほぐしながら入れ、炒め合わせる。

5

4にⓐを加えて弱めの中火にし、ふたをして15分ほど煮る。ふたを取って2〜3分、汁気がなくなるまで煮る。粗熱がとれたら半量を2日目用、¼量を鍋焼きうどん用、¼量を卵焼き用にジッパーバッグに入れる。

半量▶2日目のキット
切り干し大根の煮もの

¼量▶3日目のキット
鍋焼きうどん

¼量▶7日目のキット
切り干し大根入り卵焼き

5

4に水気をきったごぼう、にんじんを入れ、炒め合わせたらたけのこ、こんにゃくも入れる。

6

5にⓐを入れ、沸騰しアクが出たら取り除く。中火にして落としぶたをし、15分ほど煮、ふたを取って2〜3分、汁気がなくなるまで煮る。粗熱がとれたら半量ずつジッパーバッグに入れる。

半量▶2日目のキット

筑前煮

半量▶4日目のキット

筑前煮の卵とじ

かれいとごぼうの煮つけを作る

■ 材料
かれい…4切れ　ごぼう…½本
しょうが…1片
ⓐ 砂糖…大さじ3　酒…100㎖　薄口しょうゆ・みりん…各大さじ3⅓

1

かれいはバットに入れ、熱湯をまわしかける。湯を捨て、冷水で皮目をそっと洗ってぬめりを取り除く。

2

ごぼうは4㎝長さの4つ割りにして水にさらす。10分ほど下ゆでする。しょうがは薄切りにする。

3

フライパンにⓐ、しょうがを入れ、沸騰したらかれい、ごぼうも入れる。落としぶたをして5分、ふたを取って煮汁をまわしかけながら3分ほど煮る。

半量 ▶ 1日目のキット

かれいとごぼうの煮つけ

半量 ▶ 7日目のキット

かれいの煮つけ焼き

豚ヒレ肉の塩麹漬けを作る

■ 材料
豚ヒレ肉…200g　塩麹…小さじ4

1

豚肉は4つに切り分ける。

2
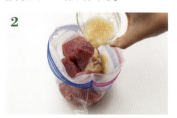
1をジッパーバッグに入れ、塩麹を入れて全体にもみ込む。

全量 ▶ 6日目のキット
豚ヒレ肉の塩麹焼き

ほうれん草
1束
➕
塩…少々

1

鍋に湯を沸かし、塩を入れる。ほうれん草を根元の方から入れ、ややかためにゆでる。

2

ゆで上がったら冷水にとって冷ます。手で水気を絞る。

¼量 ▶ 3日目のキット

鍋焼きうどん
根元を落とし、3㎝長さに切る。

¼量 ▶ 4日目のキット

ほうれん草入り雑炊
根元を落とし、1㎝長さに切る。

半量 ▶ 5日目のキット

ほうれん草の卵炒め
根元を落とし、3㎝長さに切る。

いんげん
140g ➕

塩…少々

1

鍋に湯を沸かし、塩を入れる。いんげんを入れ、ややかためにゆでる。ゆで上がったら冷水にとって冷ます。

2

ざるに上げて水気をきり、キッチンペーパーで水気を拭く。

20g ▶ 2日目のキット
筑前煮
4cm長さに切る。

80g ▶ 3日目のキット
いんげんの
ごま和え
4cm長さに切る。

40g ▶ 6日目のキット
豚ヒレ肉の
塩麹焼き
3cm長さに切る。

しめじ・えのきだけ
各1パック

1

しめじ・えのきは石づきを落とす。

2

しめじは小房に分ける。えのきは半分の長さに切り、根元側は小房に分ける。

2/3量 ▶ 3日目のキット
きのこの
酒蒸し
しめじ・えのきのそれぞれ2/3量をジッパーバッグに入れる。

1/3量 ▶ 5日目のキット
きのこ入り
そば
しめじ・えのきのそれぞれ1/3量をジッパーバッグに入れる。

---

column

乾物は保存が効き、冷凍しても味が落ちないのでおすすめ

ひじき

カルシウム、食物繊維、マグネシウムなどが豊富。油と相性がいいので炒め煮はもちろん、ハンバーグの中に入れても。

切り干し大根

カルシウム、カリウム、食物繊維が生の大根の10倍以上入っている優秀食材。栄養が溶け出した戻し汁は捨てないで調理に使うと◎。

干ししいたけ

カルシウムの吸収を高めるビタミンDを多く含むので、ひじきや切り干し大根と一緒に食べると骨の強化に。旨味成分も豊富。

1日目のキット

かれいとごぼうの煮つけ
ひじきの煮もの
雑穀ご飯

かれいは崩れやすいので、煮ている間は裏返したりせず、
スプーンなどで煮汁をまわしかけましょう。
ご飯と味噌汁を添えて理想的な一汁二菜の献立。

仕上げのレシピ 5

≫ かれいとごぼうの煮つけ
やわらかな白味魚のおいしさを満喫

材料(2人分)

かれいとごぼうの煮つけ

作り方
1 かれいとごぼうの煮つけを電子レンジで温めるか、鍋に入れて温め、器に盛る。

≫ ひじきの煮もの
総菜屋の定番。お弁当にもおすすめです

材料(2人分)

ひじきの煮もの

作り方
1 ひじきの煮ものを電子レンジで温め、器に盛る。

point

今回の献立に添えたのは、雑穀ご飯。ビタミン、ミネラルが豊富で、ヘルシーなおかずにぴったりの主食です。市販の雑穀ミックスを使えば、白米に混ぜて炊くだけの手軽さです。

筑前煮
切り干し大根の煮もの
おかゆ

乾物や根菜類の下ごしらえがちょっと面倒な筑前煮や切り干し大根も、温めるだけで食卓へ。作った翌日だからいい塩梅に味が染み、まろやかな味わいに。

筑前煮
鶏肉と野菜の旨みに
思わず顔がほころぶ

材料(2人分)

筑前煮
いんげん(筑前煮用)…20g

作り方

1 筑前煮といんげんを電子レンジで温めるか、鍋に入れて温め、器に盛る。

≫切り干し大根の煮もの
コトコト
やわらかく煮込んで

材料(2人分)

切り干し大根の煮もの

作り方
1 切り干し大根の煮ものを電子レンジで温めるか、鍋に入れて温め、器に盛る。

≫おかゆ
時間がある人は
土鍋で手作りしてみては

材料(2人分)
米…100g
水…700㎖
塩…小さじ⅓　(すべてキット外材料)

作り方
1 米は洗って水、塩とともに土鍋に入れる。
2 沸騰したら弱火にし、ふたをして30〜40分炊く。

3日目のキット

鍋焼きうどん
いんげんのごま和え
きのこの酒蒸し

今日の献立に肉はナシ。病み上がりや仕事のストレスなどで胃腸が弱っているときは、温かいうどん、さっぱりした副菜でおなかに負担をかけないようにしましょう。

≫ 鍋焼きうどん
関西風のだしが効いたつゆで

材料(2人分)
- 切り干し大根(鍋焼きうどん用)
- ほうれん草(鍋焼きうどん用)
- 冷凍うどん…2玉
- 卵…2個
- Ⓐ だし汁…600mℓ
  みりん・薄口しょうゆ…各大さじ2

作り方
1. 鍋にⒶを熱し、凍ったままのうどんを入れ、凍ったままの切り干し大根、ほうれん草も入れる。
2. 沸騰したら卵を割り入れ、火を弱めてふたをし、卵に火を通す。

≫ いんげんのごま和え
炒りたてのごまの香りがごちそう

材料(2人分)
- いんげん(いんげんのごま和え用)…80g
- 白いりごま…大さじ2
- Ⓐ だし汁・しょうゆ・砂糖・みりん…各大さじ½

作り方
1. いんげんは冷蔵庫か室温で解凍する。
2. 白ごまは小鍋に入れ、香ばしい香りがするまで炒ってすり鉢に入れ、する。
3. 2にⒶを入れ、すり混ぜる。1を加えて和える。

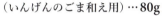

≫ きのこの酒蒸し
シンプルな味つけできのこの味を堪能

材料(2人分)
- しめじ・えのきだけ(酒蒸し用)
- Ⓐ 酒…大さじ2
  みりん・しょうゆ…各大さじ2
- あれば細ねぎの小口切り…少々

作り方
1. 凍ったままのきのこを鍋に入れ、Ⓐを入れてふたをして火にかける。
2. 3〜4分加熱し、器に盛る。あれば細ねぎを散らす。

---

column

たまには変わった和え衣で食卓にアクセントを

ブロッコリーやにんじんなどのゆで野菜に
ピーナツ和え衣
材料・作り方
ピーナツバター(砂糖無添加・粒入り)…大さじ3、砂糖・しょうゆ…各大さじ1½、塩…少々を合わせて混ぜる。

青菜や根菜類、水餃子のつけだれにも
からし和え衣
材料・作り方
しょうゆ…大さじ3　だし汁…大さじ1½　練り辛子・砂糖…各大さじ½を合わせて混ぜる。

4日目のキット

筑前煮の卵とじ
ほうれん草入り雑炊
豆乳味噌汁

疲れて帰ってきた夜でも、
さっと温めるだけでできる献立。
なのに手抜きした感じがなく、栄養バランスも優秀。

≫筑前煮の卵とじ
煮ものの甘辛い味が卵でまろやかに

材料(2人分)
筑前煮(筑前煮の卵とじ用)
卵…2個

➕ 水…大さじ2

作り方
1 鍋に凍ったままの筑前煮を入れ、水も加えて火にかける。
2 筑前煮が温まったら卵を割りほぐし、1にまわし入れる。ふたをして火を弱め、卵に火が通ったら器に盛る。

≫ほうれん草入り雑炊
夜遅い夕飯でも胃にやさしい

材料(2人分)
ほうれん草(雑炊用)
かに風味かまぼこ…3本

➕Ⓐ だし汁…400㎖
  酒・薄口しょうゆ…各小さじ2
ご飯…2杯分

作り方
1 鍋にⒶを入れて火にかけ、凍ったままのほうれん草、ご飯を入れる。
2 かにかまは半分の長さに切り、ほぐす。1に加える。温まったら器に盛る。

≫豆乳味噌汁
腹持ちのいい味噌味スープ

材料(2人分)
水・豆乳…各150㎖
桜えびの味噌玉…2個
《味噌玉の作り方➡P.89》
あれば白いりごま…少々
(すべてキット外材料)

作り方
1 鍋に水、豆乳を入れ、温める。
2 椀に味噌玉を入れ、1を注ぐ。あれば白ごまをふる。

5日目のキット

きのこ入りそば
ほうれん草の卵炒め

冷凍そばやうどんは冷凍庫に常備しておくと何かと便利。
きのこだけでなく、かまぼこなどの練り製品も冷凍可能です。

≫ きのこ入りそば
きのこは舞茸や
なめこなどお好みで

材料(2人分)

しめじ・えのきだけ
　(きのこ入りそば用)
冷凍そば…2玉
かに風味かまぼこ
　…3本
➕ 乾燥カットわかめ
　…大さじ1
🅐 だし汁…600㎖
　しょうゆ・みりん…各50㎖
　砂糖…大さじ1
　かつお節…1パック(3g)

作り方

1 鍋に🅐を入れて沸かし、こす。わかめは水で戻す。
2 1のつゆを再び鍋に入れ、凍ったままのきのこ、そばを入れ、かにかまをほぐして入れる。
3 2を器に盛り、1のわかめをのせる。

≫ ほうれん草の卵炒め
ふんわり卵と
青菜の炒めもの

材料(2人分)

ほうれん草(卵炒め用)
卵…2個
➕🅐 しょうゆ…小さじ½
　塩・こしょう…各少々
　ごま油…大さじ1

作り方

1 卵は溶きほぐし、🅐を加えて混ぜる。
2 フライパンにごま油を熱し、凍ったままのほうれん草を入れて炒める。油がなじんだら1を入れ、大きく混ぜる。

6日目のキット

豚ヒレ肉の塩麹焼き
ひじきご飯

豚肉は疲労回復効果の高いビタミン B1 が豊富。
中でもヒレ肉は低脂肪なのでダイエットにも◯。
ひじきご飯にはカルシウムや鉄分など女性にうれしいミネラルがたっぷり。

≫ひじきご飯
ひじき煮が入ったヘルシー混ぜご飯

材料(2人分)

ひじきの煮もの(ひじきご飯用)
+ 雑穀ご飯…2杯分

作り方
1 ひじきの煮ものは冷蔵庫で解凍するか電子レンジで解凍する。
2 雑穀ご飯にひじきの煮ものを混ぜ、器に盛る。

≫豚ヒレ肉の塩麹焼き
塩麹には肉をやわらかくする効果アリ

材料(2人分)

豚ヒレ肉(塩麹焼き用)…200g
いんげん(塩麹焼き用)…40g
+ バター…10g

作り方
1 フライパンにバターを熱し、冷蔵庫で解凍した豚肉を入れ、片面3〜4分ずつ弱火で焼く。隅に凍ったままのいんげんも入れる。
2 焦がさないようにしっとりと焼き、器に盛る。

point
麹はしょうゆや味噌作りにも欠かせない、日本古来の食材。消化酵素を多く含み、肉や魚の繊維をやわらかくしてくれる働きもあります。

5 仕上げのレシピ

7日目のキット

かれいの煮つけ焼き
切り干し大根入り卵焼き
豆乳がゆ

甘辛く煮た魚をちょっと目先を変えて食べるなら、グリルで焼くのがおすすめです。焦げやすいので様子を見ながらこんがり焼きましょう。卵焼きはお弁当にもぴったり。

≫かれいの煮つけ焼き
キャラメリゼされた皮が絶品！

材料(2人分)

かれいの煮つけ(煮つけ焼き用)

作り方

1. 冷蔵庫で解凍したかれいとごぼうに煮汁をからめ、アルミホイルの上に並べる。
2. 1を魚焼きグリルで6分ほどこんがり焼く。

≫豆乳がゆ
豆乳に含まれる
オリゴ糖には整腸作用も

材料(2人分)

雑穀ご飯…1杯分

Ⓐ 水…100㎖
　豆乳…200㎖
　塩…ひとつまみ　（すべてキット外材料）

作り方

1. 鍋にⒶを入れて温め、雑穀ご飯を入れて5〜6分煮る。

切り干し大根入り卵焼き
旨みのある切り干しが卵の調味料代わりに

材料(2人分)
切り干し大根(卵焼き用)
卵…3個
+ サラダ油…適量

作り方
1 切り干し大根は冷蔵庫か電子レンジで解凍する。卵を溶きほぐして混ぜる。
2 卵焼き器を熱し、サラダ油をぬってP.11の卵焼きの作り方を参照にして焼く。

---

column

おかゆは効果別に、好みのものを

美肌効果もアリ
トマトジュースがゆ

材料・作り方
トマトジュースと同量のだし汁か、チキンスープ、塩少々でおかゆを炊く。トマトには抗酸化作用があり、美肌やアンチエイジング効果アリ。

カテキンで脂肪蓄積を防止
ほうじ茶がゆ

材料・作り方
ほうじ茶、塩少々でおかゆを炊く。緑茶と同様にカテキンが豊富で、お茶特有の香ばしさが味わえる。食欲がないときでもサラッと食べやすい。

献立キット作りのために覚えておきたい
基本の冷凍術

キットで作ったおかず(またはおかずの元)は、基本的にすべて冷凍できます。
下ごしらえをしてから冷凍することで、下味が染みやすくなるなどのメリットも！

主菜系
調理や味付けが済んだ状態の食材を冷凍するときのポイントを伝授。

揚げもの
しっかり冷ましてから密閉して

揚げものは揚げたてではなく、油をきり、冷ましてからジッパーバッグに入れて密閉して冷凍。食べるときはオーブントースターで温めるとカリッと仕上がる。食材に厚みがある場合は冷蔵庫、または電子レンジで解凍してからトースターへ。

汁もの
ジッパーバッグの下に皿を敷いて

ポトフやシチューなどは食品保存容器やジッパーバッグに入れて冷凍。ジッパーバッグに入れて冷凍する場合は液漏れの心配があるので、下にバットなどを敷いておくこと。大きめの食品保存容器がない場合は、具と汁を分けて冷凍するのもおすすめ。

煮もの
煮汁ごと冷凍するのがコツ

食材を調味液とともに冷凍すると、砂糖は保水作用、酢は食感をアップ、塩は臭みを取るなどの効果がある。食材をジッパーバッグに入れ、調味液でコーティングするように密閉して。液漏れの心配がある場合は、下にバットを敷いておくこと。

味つけ肉・魚介
5mm厚さに平らに詰め、空気を抜く

生の肉や魚介は、軽く調味しておくと保存中に味が染み、余分な水分が抜けて臭みが取れる。合わせ調味料は1か所にかたまらないように全体にもみ込むこと。厚さを5mm以下にしてなるべく空気を抜いて密閉すると早く冷凍・解凍ができ、鮮度も保ちやすい。

卵焼き　しっかり火を通し、切り分けて

卵焼きは水分が多いと解凍後、すが入ってボソボソとした食感になってしまうため、だし汁などの水分は極力減らすことがポイント。また半熟は冷凍には向かないのでしっかり火を通して。解凍してすぐに食べられるように切り分けて冷凍すれば、そのままお弁当に入れてもOK。

団子・ハンバーグ　団子や小判形に成形してから冷凍

団子はバットの上にそれぞれ離して並べ、ラップをして1時間ほど冷凍。表面が凍ったらジッパーバッグに移す。ハンバーグなどの大きいものはそれぞれをラップで包んでから、ジッパーバッグに入れて冷凍する。団子やハンバーグなど厚みのあるものは冷蔵庫で解凍してから焼く。

魚介　貝類は砂出しし、一尾魚は下処理をして食べやすい状態にしてから冷凍しましょう。

貝類　長めに保存するならグルージングで

しじみやあさりなどは砂出しをした後、水気をきってジッパーバッグに入れて冷凍。また1週間以上冷凍する場合はひたひたの水に浸けて冷凍する方法も。グルージングといい、氷の膜で食材を覆うことで食材の酸化や乾燥を防いでおいしさを保つ。

大豆製品　油揚げや厚揚げは冷凍後も食感に変化なし。豆腐は食感が変わります。

豆腐　冷凍すると食感が変わることを利用して

冷凍前　　　　　　　冷凍後

豆腐は冷凍すると"す"が入った状態になり、噛みごたえのある食感に変わるため、煮崩れしにくくなり、炒めものや煮ものにピッタリ。スープなどに入れる場合は使う大きさに切り、小分けにして冷凍。大きめに切った場合は重ならないようにジッパーバッグに入れて冷凍する。

野菜系

生のまま冷凍できる野菜もたくさんあります。
上手に冷凍してムダなく食べきりましょう。

ゆで野菜　緑の野菜はゆでてから冷凍

青菜類、ブロッコリー、アスパラガス、枝豆、いんげんなど緑色の野菜は独特の酵素を持つため、生のままの冷凍はNG。一度ゆでて酵素を分解してから冷凍を。電子レンジだと加熱ムラができるため、ゆでるか蒸した後、冷まして水気をきり、使いやすい大きさに切ってジッパーバッグへ。

漬けもの　グルージング効果でシャキシャキに

きゅうり、大根など水分が多い野菜は本来、冷凍には不向きだが、塩や酢などの調味料などと一緒に凍らせるとおいしく冷凍できる。漬け汁でグルージングすることで、野菜を乾燥や酸化から守りシャキシャキした食感もキープ。解凍してから漬け汁をきり、食卓へ。

大根おろし　使いやすい分量に小分けにしておくと便利

焼き魚に添えたり、おろし煮などにも便利な大根おろし。その都度おろすのは面倒なのでまとめておろし、小分けにして冷凍を。大根はおろしてからざるで軽く汁気をきり、食品保存容器に2人分（100gほど）ずつ入れる。保存容器がない場合はラップで茶巾に包むと◯。

薬味系　多めに作り、使う分だけ取り出して

長ねぎ・細ねぎは青い部分と白い部分は用途が違うので、別々に小口切りにし、食品保存容器に入れて冷凍。使う分だけスプーンなどで取り出して使う。にんにく・しょうがはみじん切り、またはすりおろし、ジッパーバッグに5mm以下の厚さに入れ、密閉して冷凍。使う分だけ折って使う。

ざく切り野菜 すぐ使える状態にしてからジッパーバッグへ

白菜、キャベツは生のまま冷凍可能。ざく切り、せん切りなど、使いやすい大きさにしてからジッパーバッグへ。冷凍することで繊維が崩れるので、炒めものや煮ものなどの料理に向く。青菜でも例外的に小松菜、チンゲン菜は生のままで冷凍OK。

ピーマン・きのこ類 密閉して冷凍保存し、必要量だけ取り出す

ピーマン、パプリカは種やヘタを取り、せん切り、乱切りなど用途に合わせて切り、ジッパーバッグへ。きのこ類は石づきを落とし、使いやすい大きさに切る、またはほぐして冷凍を。炒めものや煮ものなどの加熱調理に○。使いたいときに必要な量だけ取り出して使う。

かぼちゃ 余分な水分は拭き取るのがコツ

かぼちゃは種とワタを取り除き、大きめのひと口大に切って(必要なら皮をむき)耐熱容器に入れ、水大さじ1〜2をまわしかける。電子レンジで必要時間加熱したら、キッチンペーパーなどで水気を拭き取ってから冷凍。マッシュする場合は加熱後、熱いうちに手で潰して冷凍する。

---

column

ストローを使ってバッグの中をできるだけ真空状態に

ジッパーバッグを閉じるときにストローを差し込み、ストロー部分を残してジッパーを閉じ、ストローから空気を抜くと、普通に空気を抜くよりも空気が抜けやすく、真空に近づけることができます。

※バッグの中を真空に近づけることによって、酸化による劣化や冷凍焼け(食材から水分が蒸発して発生する霜による劣化)を防ぐことができ、保存時の省スペースにもつながります。また空気の層をなくすことで、冷凍・解凍時間も少なくてすみます。

冷凍すると食感が変わるものも!

じゃがいも
じゃがいもは加熱後冷凍するとホクホクした食感が、やや歯ごたえのある食感に変化します。里いも、さつまいもの場合はあまり変化がありません。長いもはすりおろせば、生のまま冷凍可能。

にんじん
にんじんは生でも、加熱後でも冷凍できますが、やや歯ごたえのある食感に変化します。

こんにゃく・しらたき
冷凍後、解凍すると水分が抜けて食物繊維が凝縮するため、ツルツルした食感が、コリコリとした歯ごたえのある食感に変化します。

主食系

ご飯、パン、麺などの炭水化物は冷凍保存向きの食材です。きっちり密閉するのがコツ！

ご飯

炊き上がったら、当日食べる分以外は冷凍するのがおすすめ。

1/a 食品保存容器に詰める
1食分（150g）ずつ隙間なく容器に詰めて冷凍する。ご飯は専用の冷凍保存容器が市販されているので、利用するのもおすすめ。

1/b ラップで包む
容器がない場合はラップで包んでもOK。ラップの上に1食分を平らに広げ、ぴっちりと包んでジッパーバッグに入れ、冷凍する。

2 電子レンジで温める
食べるときは食品保存容器の場合はふたを少しずらし、ジッパーバッグの場合はジッパーの一部を開けて加熱。雑穀ご飯や炊き込みご飯も同様に。

パン

買ってきてすぐ冷凍し、凍ったままトーストするのがポイント。

1/a ひとつずつラップで包む
調理パンなどはひとつずつラップで包み、ジッパーバッグに入れて冷凍する。サンドイッチも生野菜が入っていなければ冷凍OK。

1/b 食べやすい大きさに切って
バゲットなどの大きなパンは食べやすい大きさに切り、ジッパーバッグに入れて冷凍。食パンはスライスして1枚ずつラップで包んで同様に。

2 凍ったままトースト
食べるときは凍ったままオーブントースターで加熱。中はもちもち、外はカリッとした食感に焼き上がる。サンドイッチは冷蔵庫で解凍する。

麺類

時間があるときにまとめてゆでておくと、調理時間の短縮に。

1 ラップで包む
ゆでたうどん、そば、パスタ、中華蒸し麺などは1食分ずつラップの上にのせ、厚みを均等にして包む。

2 ジッパーバッグに入れる
1をジッパーバッグに入れ、しっかり口を閉じて冷凍する。密閉度を高めるためにラップとバッグの二重にするとよい。

3 凍ったまま調理
汁ものなどに使う場合は凍ったままでOK。炒めたりする場合はジッパーの一部を開け、電子レンジ、または水の中でほぐして解凍してから使う。

おいしさのカギは解凍方法がにぎっています！
基本の解凍術

本書で紹介しているキットは、凍ったまま加熱調理をして仕上げることが基本。
温め直す場合は、電子レンジやオーブントースターを活用して。

基本は凍ったまま調理できます！

解凍することで水分が出たり、やわらかくなって扱いづらくなる食材もあります。本書のキットは調理直前の状態まで下処理済み、使う量だけ小分けにしているので、そのまま鍋やフライパンに入れて調理するのが基本。

厚みのある肉や魚は冷蔵庫解凍

ハンバーグや焼き魚用など、厚みが2cm以上ある肉や魚は、解凍してから調理した方が生焼けを防止し、加熱時間の短縮にもなります。朝のうちに冷蔵庫に移しておくと、夕方、調理するころには解凍完了！

NG やってはいけない 解凍術

一度解凍してから冷凍する

一度溶けてしまったものを再び冷凍庫に入れると、水分が膨張して細胞が破れてしまいます。これによって食材から水分や旨みが抜け、パサパサになるので、冷凍→解凍は1回のみにすること。

生の肉や魚介の電子レンジ解凍

電子レンジは加熱ムラができやすいので、生ものを生のまま解凍するために使うのはおすすめしません。どうしても急いでレンジ解凍したい場合は、少し芯が残る半解凍ぐらいで取り出すのがコツ。

加熱済み食材は電子レンジで

食品保存容器の場合

ジッパーバッグの場合

加熱済み食材を解凍し、温め直す場合は、電子レンジ加熱が速くて便利です。その際、食品保存容器はふたを少しずらし、ジッパーバッグは少し口を開けて汁があるものは下に受け皿を敷いて加熱しましょう。

これができたら料理上級者！
あじ&いかのおろし方

チャレンジすれば、意外とかんたん！ 鮮度のよいものが手に入ったら、
できるだけ早く下ごしらえをしましょう。

あじの三枚おろし
刺し身はもちろん、フライ、照り焼きなどに使える万能のおろし方です。

1 頭を左にし、ゼイゴ（尾の近くにあるかたいウロコ）を薄くそぎ取る。

2 腹びれ、胸びれの下から中骨に当たるまで包丁を入れ、裏返して反対側も同様に包丁を入れて頭を切り落とす。

3 尾を左にし、肛門まで腹を切り開き、刃先でワタをかき出す。流水で腹を洗い、キッチンペーパーで拭く。

4 尻びれの2～3mm上の皮を頭から尾に向かって切り、骨に沿って包丁を入れる。

5 中骨にあたるまで包丁を入れ、尾のつけ根まで切り進んだ状態。

6 魚の尾を右にし、背側から包丁を入れ同様に切り、半身を切り落とす。中骨がついた方も同様にする。

7 三枚に切り落としたら、包丁を寝かせるようにして腹骨をそぎ取る。骨抜きで血合い骨を抜く。

いかのおろし方
いかの足は目と口ばしを落とし、吸盤の軟骨をしごき取ってから使います。

1 胴の中に人指し指を入れ、胴とワタがくっついている部分を軟骨に沿ってはがす。

2 左手でエンペラを押さえ、右手で頭を持ってゆっくり胴からワタを引き抜く。

3 胴の中の軟骨を引き抜く。胴の中に内臓が少し残っているので、水で流しながら洗う。

4 エンペラと胴の間に指を入れ、胴の元の部分に向かって皮をはがす。皮を布巾やキッチンペーパーでつまみ、すべてむく。

お椀にポン！で1人分の味噌汁が完成
味噌玉作り

味噌玉は冷蔵で1週間、冷凍で1か月保存可能。キットを作るときに、多めに作りおきしましょう。持ち運びしやすいので、お弁当などにも便利！

作り方

1 好みの味噌小さじ2に具（写真はわかめ）、顆粒だしの素小さじ¼またはかつお節2gを混ぜる。

2 ラップの上に1を団子状にしてのせ、茶巾に包む。冷蔵（1週間）、または冷凍（1か月）で保存する。

3 使うときに椀に入れ、熱湯150mlを注いでよく混ぜる。

―――― 味噌玉アイデア ――――

わかめの味噌玉
オールマイティな合わせ味噌に、クセのない乾燥わかめ大さじ1を混ぜる。

揚げ玉の味噌玉
やさしい味わいの白味噌に、コクのある揚げ玉大さじ1を混ぜる。

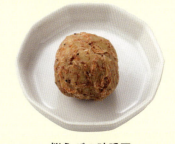

桜えびの味噌玉
香り高い赤味噌に、磯の香りが強い桜えび大さじ1を混ぜる。

ほかにもこんな具材で！
お麩、鮭フレーク、長ねぎ・細ねぎの小口切り、切り干し大根（乾燥）、油揚げの細切り……などを大さじ1程度、味噌に加えて。水分の少ないもの、香りの出るものがおすすめです。

作っておくと何かと便利
たれ・副菜・デザート

時間があるときにまとめて作って、
冷蔵庫に常備しておくとうれしいものを集めました。
たれ、野菜の副菜、デザート、
どれも手作りならではのおいしさです。

3種類の香味野菜が
たっぷり入った
香味だれ

かぼすをほかの柑橘類に
置き換えても
ポン酢しょうゆ

たれ

和洋中いろいろな料理をグレードアップしてくれる手作りたれ。本書に登場する料理とも相性バツグン！

≫ 香味だれ

材料（作りやすい分量）
- にんにくのみじん切り…小さじ½
- しょうがのみじん切り…大さじ½
- 長ねぎのみじん切り…大さじ3
- しょうゆ…大さじ3
- 酢・酒…各大さじ2
- ごま油・砂糖…各大さじ1

作り方
1 材料すべてをボウルに入れ、よく混ぜ合わせる。瓶などで保存する。

保存期間
冷蔵で2～3週間

こんな料理に
P.14「鶏のから揚げ」
P.35「牛しゃぶサラダ」
そのほか揚げ鶏、揚げ魚、中華風カルパッチョなどに

≫ ポン酢しょうゆ

材料（作りやすい分量）
- A
  - かぼすまたはレモンの絞り汁…大さじ4
  - しょうゆ…大さじ5
  - 酢…大さじ2
  - みりん…大さじ1
- 昆布…5cm角
- かつお節…1パック（5g）

作り方
1 Aを小鍋に入れ、火にかける。ひと煮立ちしたら火を止め、昆布とかつお節を加える。
2 そのまま冷まし、茶こしなどでこして瓶などで保存する。

保存期間
冷蔵で2～3週間

こんな料理に
P.20「和風ハンバーグ」
P.32「とんカツのおろしポン酢がけ」
そのほか鍋もの、蒸し鶏、牛のたたきなどに

---

column

ドレッシングも手作りで
P.19の「シュリンプサラダ」をはじめ、さまざまなサラダをよりおいしく！

バジルの代わりにルッコラやパセリでもOK
バジルソース

材料（作りやすい分量）
バジル…25g　にんにく…⅔片　ミックスナッツ…大さじ2　パルメザンチーズ…大さじ2　オリーブオイル…80㎖

作り方
1 バジルはざく切りにし、フードプロセッサーに入れる。
2 残りの材料もすべて入れ、滑らかになるまで攪拌する。

温野菜はもちろん、ショートパスタにも
バーニャカウダ

材料（作りやすい分量）
アンチョビ（フィレ）…8枚（40g）　にんにく…小1株（40g）　玉ねぎのざく切り…⅙個分（40g）　牛乳…100㎖　オリーブオイル…80㎖　こしょう…適量

作り方
1 にんにくは縦半分に切り、芽を取り除く。
2 鍋に1、玉ねぎと半量の牛乳を入れる。材料がかぶるぐらいの水を入れて火にかけ、沸騰するまで煮る。
3 ざるに上げ、煮汁は捨てる。
4 鍋に3と残りの牛乳を入れ、かぶるぐらいの水を入れて再度煮る。にんにくがやわらかくなったら火を止め、ざるに上げて煮汁は捨てる。
5 4とアンチョビは裏ごしにするか、フードプロセッサーにかけて攪拌する。
6 鍋に5、オリーブオイルを入れ、弱火にかける。火にかけて泡立て器でよく混ぜる。こしょうを加えて味を調える。

副菜

今日は野菜不足かな、もう一品おかずがほしい…
そんなときに重宝する、冷凍保存しやすい副菜です。

≫小松菜とエリンギのナムル

材料（2人分×2回）

小松菜…½袋（120g）
エリンギ…1パック（120g）

A
にんにくのすりおろし…少々
しょうゆ・酒…各小さじ2
ごま油…大さじ2
塩…小さじ¼

白いりごま…少々

作り方

1 小松菜は塩（分量外）を加えた熱湯でゆで、冷水にとって水気を絞る。4cm長さに切る。
2 エリンギは4cm長さの細切りにし、塩（分量外）を加えた熱湯でゆで、ざるに上げて冷ます。
3 ボウルに**A**を合わせ、**1**、**2**を入れて和える。白ごまをふる。半量ずつジッパーバッグに入れる。

保存期間

冷蔵で3〜4日、
冷凍で2週間

こんなアレンジ

小松菜の代わりにほうれん草、春菊などでも。エリンギの代わりににんじんやパプリカでもOK。

≫ブロッコリーのコーン炒め

材料（2人分×2回）

ブロッコリー…1株
コーン缶（粒）…1缶（正味75g）
塩・こしょう…各少々
バター…15g

作り方

1 ブロッコリーは小房に分け、軸は筋の部分まで切り落として皮をむき、芯を8mm幅の斜め切りにする。
2 鍋に湯を沸かして塩（分量外）を入れ、**1**を入れて3分ほどゆでてざるに上げ、水気をきる。
3 フライパンにバターを熱し、**2**、汁気をきったコーンを入れて炒め、塩・こしょうで味を調える。半量ずつジッパーバッグに入れる。

保存期間

冷蔵で3〜4日、
冷凍で2週間

こんなアレンジ

かぶやチンゲン菜などで作ってもおいしい。バターの代わりにオリーブオイルを使ってもOK。

にんにくとごま油で後引くおいしさ
小松菜とエリンギのナムル

食べるときは軽く温め直すだけ！
ブロッコリーのコーン炒め

皮を入れると香り・色・艶がアップ
りんごのコンポート

ワインはリーズナブルなものでOK
プルーンと
いちじくのコンポート

デザート

コトコト煮るだけのかんたんデザート。
キットの下ごしらえ中に空いているコンロで作れます。

≫ りんごのコンポート

材料(作りやすい分量)

りんご…小2個(300g)
シナモンスティック…1本

Ⓐ 白ワイン・水…各200㎖
　グラニュー糖…120g

作り方

1 りんごは塩(分量外)で表面を磨いて洗い、皮をむいて12等分のくし形に切って芯を取る。皮は取っておく。
2 鍋にⒶを入れて中火にかけ、グラニュー糖が溶けたらりんご、シナモンスティックを入れる。煮立ったらアクを取り、皮で落としぶたをするようにのせる。
3 弱火で20分ほど、りんごがやわらかくなるまで煮る。粗熱をとり、食品保存容器に入れる(皮は紅茶に加えるとアップルティーになる)。

保存期間

冷蔵で2週間ほど

こんなアレンジ

バニラアイスに添えたり、凍らせてシャーベットにしても。煮汁は牛乳を加えてドリンクに。

≫ プルーンといちじくのコンポート

材料(2人分×2回)

プルーン・セミドライいちじく…各150g
グラニュー糖…120g
黒粒こしょう…5粒
赤ワイン・水…各200㎖

作り方

1 鍋に材料すべてを入れて中火にかける。煮立ったらアクを取り、弱火で20分ほど煮る。粗熱をとり、食品保存容器に入れる。

保存期間

冷蔵で2週間ほど

こんなアレンジ

肉料理のつけ合わせに。チーズと一緒に。煮汁は牛乳を加えてドリンクに。

川上文代　Fumiyo Kawakami

料理研究家。中学3年生より池田幸恵料理教室で学ぶ。辻調理師専門学校を卒業後、同校職員として大阪校、フランス・リヨン校、エコール辻東京にて12年間勤務。1996年より東京・渋谷に「デリス・ド・キュイエール 川上文代料理教室」を開設。フレンチ、イタリアン、パティスリー、基本の家庭料理などさまざまな料理の提案と確かな技術に定評がある。テレビや雑誌等へのレシピ提供、企業での料理開発など幅広く活躍。出身地の千葉県館山クッキング大使でもある。

撮影	竹内浩務(スタジオダンク)
スタイリング	木村遥(スタジオダンク)
料理アシスタント	阿部和枝、平山悟江、杉山麻衣子
デザイン	竹中もも子(スタジオダンク)
編集・文	竹川有子
編集	櫻田浩子(スタジオポルト)
協力	旭化成ホームプロダクツ株式会社

週末の下ごしらえで、平日は仕上げるだけ！
冷凍保存で作る1週間の献立キット　NDC596

2018年4月13日　発　行

著　者	川上文代（かわかみふみよ）
発行者	小川雄一
発行所	株式会社誠文堂新光社
	〒113-0033
	東京都文京区本郷3-3-11
	〈編集〉電話：03-5800-3614
	〈販売〉電話：03-5800-5780
	http://www.seibundo-shinkosha.net/
印刷	株式会社大熊整美堂
製本	和光堂株式会社

©2018, Fumiyo Kawakami.
Printed in Japan

検印省略
禁・無断転載
落丁・乱丁本はお取り替えいたします。

本書に掲載された記事の著作権は著者に帰属します。
これらを無断で使用し、展示・販売・レンタル・講習会等を行うことを禁じます。

本書のコピー、スキャン、デジタル化等の無断複製は、著作権法上での例外を除き禁じられています。
本書を代行業者等の第三者に依頼してスキャンやデジタル化することは、たとえ個人や家庭内での利用であっても著作権法上認められません。

JCOPY　<(社)出版者著作権管理機構 委託出版物>
本書を無断で複製複写(コピー)することは、著作権法上での例外を除き、禁じられています。本書をコピーされる場合は、そのつど事前に、(社)出版者著作権管理機構(電話 03-3513-6969 ／ FAX 03-3513-6979 ／ e-mail : info@jcopy.or.jp)の許諾を得てください。

ISBN978-4-416-61832-5